信用革命

无处不在的信用评级

陈红珊 著

Credit Rating

From zero to one

浙江人民出版社

图书在版编目（CIP）数据

信用革命 : 无处不在的信用评级 / 陈红珊著. 一
杭州 : 浙江人民出版社，2023.4
ISBN 978-7-213-11006-1

Ⅰ. ①信… Ⅱ. ①陈… Ⅲ. ①信用评级－研究－中国
Ⅳ. ①F832.4

中国国家版本馆CIP数据核字（2023）第040498号

信用革命：无处不在的信用评级

陈红珊　著

出版发行　浙江人民出版社（杭州市体育场路 347 号　邮编：310006）
　　　　　市场部电话：（0571）85061682　85176516
责任编辑：方　程
策划编辑：陈佳迪
营销编辑：陈雯怡　赵　娜　陈芊如
责任校对：姚建国
责任印务：幸天骄
封面设计：李　一
电脑制版：北京之江文化传媒有限公司
印　　刷：杭州丰源印刷有限公司
开　　本：880 毫米 × 1230 毫米　1/32　　印　　张：9.75
字　　数：200 千字　　　　　　　　　　插　　页：1
版　　次：2023 年 4 月第 1 版　　　　　印　　次：2023 年 4 月第 1 次印刷
书　　号：ISBN 978-7-213-11006-1
定　　价：68.00 元

如发现印装质量问题，影响阅读，请与市场部联系调换。

人无信不立，
业无信不兴。

推荐序

贝多广　中国普惠金融研究院院长

我早年从事投资银行工作的时候，就了解到了信用评级在资本市场的重要性，还拜访了全球评级机构纽约办公室。现在不用舍近求远了，通过这些年中国资本市场走出去和引进来国外金融机构的双向开放政策，国际评级就在我们身边了：中国各行业的标杆公司已经取得国际评级进入国际债券市场；国际评级机构也在中国设立了公司，获得中国信用评级资质，服务于中国债券资本市场。在本书里，陈红珊作为在全球规模最大的信用评级机构标普评级工作了近13年的行业资深人士，以第一手资料，详细介绍了国际评级机构是如何通过建立全球资本市场认可的信用评级体系，掌握了资本市场的话语权的，并且以翔实的案例分析了中资美元债市场在过去10年如何推进了国际信用评级在中国的发展，以及外资评级机构进入中国市场的经历和感受。

从经济学角度看，信用是现代经济运行的重要基础设施之一，也是社会可持续发展的根本保证。中国近年来大力推动社会信用体系建设，社会信用体系包括个人信用体系和企业信用体系。企业信用评级是伴随着中国的债券市场发展起来的，中国的债券市场经过40年的发展，已经达到了130多亿元人民币的存量市场规模，成为全球第二大的市场，截至2022年4月，中国一共有5200家发行人，涵盖了国内主要行业。从数量上看，中国债券市场发行人的信用状况足以反映国内企业信用的状况了。从质量上看，中国信用评级高度集中在高评级，缺乏评级区分度和信用风险预测能力，信用评级行业的质量有待于提高，否则难于持续推动中国金融市场的高质量发展。

我在此分享一下我的想法。无论是书中提到信用评级是企业进入债券资本市场的敲门砖，还是我现在从事的普惠金融行业，其中一个焦点问题都是小微贷款人的信用问题，这涉及和个人征信相关的基础设施建设。在这个领域，可喜的是中国已经建立了以政府为主导的公共征信服务平台，政府、社会和个人通过合力打造完善的征信体系，能够以更低的成本降低信息的不对称，而且通过守信激励和失信惩戒的信誉机制对借款人的行为形成约束。我们从中外的普惠金融机构都看到了令人振奋的案例，中国中和农信小微贷款的还款率是96%，相比约有30年历史的孟加拉格莱珉银行贷款的还款率97%，这是非常了不起的成绩。我们非常期待能够通过适当的监管和行业指引，个人和小微企业的信用体系和融资得到良性发展。

其次，随着经济和社会的进一步发展，可持续性高质量地发展需要取得更多的关注。我们一直推动的普惠金融和社会责任投资都是赋能于环境、社会和治理（ESG，environmental, social and governance），助力于早日实现共同富裕、2030年前碳达峰和2060年碳中和的目标。这些考量指标和信用体系是共生的，得益于我们从上而下推动的高效率改革，我们有信心在这个领域取得更多的突破。

他山之石，可以攻玉。红珊在本书中分享了她在国际评级机构的经验和观察。例如，国际评级话语权的建立是基于声誉资本和公信力，以及监管的适当指引……这些经验都值得我们参考。红珊在书中也介绍到，为了解决现在中国信用评级市场存在的问题和挑战，监管机构制定了相关政策，积极推动信用评级行业质量的提高和完善。信用评级行业涉及的参与方比较多。良好的信用文化不但需要高屋建瓴的顶层设计，还需要市场参与方，包括发行人、投资者、中介机构、基础设施机构等一起努力。只有打造一个良好的信用生态环境，才能推动社会经济可持续高质量地发展。

2022年12月2日

目 录 |CONTENTS|

1

前　言
我为什么要写这本书

2021年，中国资本市场充满了各种"黑天鹅"和"灰犀牛"事件，无论对于市场的冲击还是吸引眼球方面，曾三次贵为中国首富的恒大集团在2021年下半年的违约①绝对会记入中国资本市场的史册。由于恒大集团负债2万亿元人民币，债可敌国，惊动了美国国务卿布林肯，他在中美谈判中专门提到恒大负债的解决，他曾公开表示，希望中国在处理恒大集团危机潜在影响的问题上采取负责任的行动。市场猜测国际投资者伤得不轻、损失惨重。

① 违约指合同当事人完全没有履行合同或者不按照约定履行合同义务的行为。在债券资本市场上，违约特指债券发行人（债务人）没有能力及时全额支付利息和本金的行为。——作者注（全书无特殊说明，均为作者注）

恒大集团第一次取得国际评级是在2009年，当时的评级是B1（穆迪）/BB（标普全球）/BB+（惠誉）[①]。后来，恒大集团快速扩张，负债率居高不下，其国际评级一直被下调，在高风险的B级别徘徊。2021年12月17日，标普全球评级表示，将中国恒大集团长期评级从CC（违约风险非常高）下调至SD（限制性违约）。应恒大集团要求，标普最后撤销了对中国恒大及其附属公司恒大地产、天基控股的评级。

恒大集团的违约打开了房地产板块评级下调和债券违约的潘多拉魔盒。紧接着，大量房地产公司的国际评级下调，不少房地产公司甚至债券违约、撤销评级，比如从投资级别下调到高收益级别的碧桂园和世茂，堪称"坠落的天使"；更有30多家房地产公司离开了债券市场，例如曾经是和恒大集团一样的发债大户融创，以及后起之秀、闽系的房地产公司阳光城等都直接撤销了评级。房地产公司的美元债从100美元面值跌到10多美元的比比皆是。2022年上半年，中国房地产公司一共只发行了20亿美元债，而2021年同期发行的债券规模为400亿美元，同比发行规模下降了95%，市场信心严重受损，短期难以有实质

[①] 标普全球评级和惠誉的评级体系是：投资级别为AAA，AA+，AA，AA-，A+，A，A-，BBB+，BBB，BBB-；高收益级别或垃圾债级别为BB+，BB，BB-，B+，B，B-，CCC+，CCC，CCC-，CC，C到D，一共22个级别。穆迪的评级体系是：投资级别为Aaa，Aa1，Aa2，Aa3，A1，A2，A3，Baa1，Baa2，Baa3，高收益级别或垃圾债级别为Ba1，Ba2，Ba3，B1，B2，B3，Caa1，Caa2，Caa3，Ca，C。

的改善和变化。

上一次国际信用评级波动如此剧烈还是在2008年美国金融危机和欧债危机的时候，最著名的评级调整应该是在金融危机中倒闭的华尔街投资银行雷曼兄弟。三大信用评级机构对雷曼兄弟的评级从高投资级别的A直接下调到D（违约），评级下调幅度高达10级；雷曼兄弟的破产引起了连锁反应，波及美国整个金融体系和经济。《大而不倒》[①]这本书详细记录了整个过程，下面是书中的两个案例，非常具体并且形象地说明了国际信用评级的重要性：

- 当时国际信用评级为AA-的美国保险集团（AIG）因为房贷次贷风险面临穆迪和标普全球评级的评级下调。根据当时美国保险集团和客户签署的合同，如果穆迪下调了一级信用评级，那么公司需要多支付100亿美元的抵押品；如果标普全球评级和穆迪两家都下调了一级信用评级，那么抵押品则需要增加到133亿美元。从美国保险集团的例子看，一个信用级别价值百亿美元，够惊世骇俗了。

- 国际投资界传奇人物巴菲特在金融危机中对信用评级的态度更上一层楼，他说我要留着所有的现金和尽我所能保证我的公司（伯克希尔·哈撒韦公司）的AAA评级（大厦

[①] 《大而不倒》，作者安德鲁·罗斯·索尔金。主要讲述了2008年美国金融危机期间美国政府如何挽救濒临倒闭的美国机构的过程。

将倾，巴菲特最后还是没能保住AAA评级。现在标普全球评级和穆迪对伯克希尔·哈撒韦公司的信用评级都是AA和Aa2）。真是黄金有价，信用无价。

国际评级机构在资产证券化产品领域的虚高评级现象，导致了2008年的次贷危机，投资者损失惨重。一朝被蛇咬，十年怕井绳，此后很多投资者都不再愿意投资资产证券化产品。国际资产证券化产品的评级数量从金融危机前的40多万个，断崖式下跌到了2020年的15万个，下降幅度高达60%。

如上这些案例充分说明，信用评级作为金融风险的风向标，不但吸引着大众的眼球，而且会对整个金融市场产生深远的影响。

信用根植于我们的传统文化之中。《论语》里面就提到"民无信不立"；战国时期的"商鞅立木"，更是为后来的商鞅变法奠定了信用基础。信用是现代经济运行的基石，国家近年来大力推动社会信用体系建设，高质量的信用评级是其核心。社会信用体系包括个人信用体系和企业信用体系。个人信用已经渗透在我们生活的方方面面，传统金融机构（例如银行）和互联网金融公司通过大数据分析，给我们每个人设定了信用额度。个人的信用水平，决定了我们能不能从银行或者互联网金融公司借到钱，能借到多少钱以及借款成本是多少。如果我们被纳入失信名单，就无法搭乘飞机或者高铁出行，也无法进行其他高消费了，甚至孩子入学都要受到影响，因此，我们对个人信用的重要性都有比较直观的感受。当然，这些个人的信用情况都是保密的，只有当事人和借贷的金融机构知道。在资本市场上，发行人的信用评级则必须公开，因为信用评级已经成为资本市场的基础设施，决定了发行人能否在债券资本市场融到资以及融资成本的高低。在过去的10年里，三大评级机构在国际资本市场上占据的份额保持在95%左右。而我们国家的信用评级正处于变革中，监管机构积极推进并打造高质量的中国信用评级体系，将有助于资本市场持续改革开放、持续发展。

从2009年到2019年，我在标普全球评级工作了10年，作为中国国际评级第一批从业人员，亲身经历了国际信用评级伴随中资美元债市场的兴起而高速发展、整合和格局重组；在中国高速发展的黄金10年，深入了解了国际信用评级的价值以及国际信用评级机构在2008年金融危机低谷中重新建立行业信心的历程。2020年初，我离开标普全球评级，加入了刚成立2年的标普信用评级（中国）有限公司（以下简称"标普信评"），这是标普全球评级在中国的全资子公司，也是首家获得中国信用评级资质的外资评级机构。在和市场参与方一起推进中国信用评级市场发展的同时，我也学习到了很多宝贵经验，也非常希望能够向更多人推广信用评级和信用文化。当我发现目前有关信用评级的出版物基本都偏方法论时，我萌生了从业内人士的角度撰写一本新书的想法，想以通俗易懂的语言和案例，给大家讲讲国际和中国信用评级的价值，和大家分享我过去13年在国际和中国信用评级机构的从业经验和心得体会。

信用评级对个人重要吗？

我们已经非常了解信用评级对金融机构、企业和专业的机构投资者，乃至国家主权的重要性，事实上，就目前而言，使用信用评级最多的是债券资本市场，这里基本属于机构投资者的天下，因此很多人觉得信用评级和我们日常生活相关性不大，没必要去关注。这一点我深有体会。我在信用评级行业工作了十多年，连我的家人都不太清楚这些ABC的评级符号到底意味着什么，直到2020年我哥哥告诉我他购房的事。

2020年，我哥哥告诉我他买了新房，我表达恭喜后马上问他开发商是谁。他回答是万科，然后他问我为什么最关心的问题是开发商是哪一家，而不是房价多少，房子多大。

我说："开发商的财务实力和履约能力是最重要的，皮之不存，毛将焉附？相比之下，其他都是次要方面。标普全球评级有近40家中国开发商的公开评级，万科的评级是其中最高的，是国际评级体系里面的BBB+，有很多开发商规模比它大，但大而不强，国际评级只是B，和它相差了8级。万科这么好的评级，你就不用担心烂尾楼的风险了。你要是买了信用差的开发商的楼盘，那么风险就高多了，例如资金可能被挪用，楼盘可能烂尾，分分钟你的钱就不见了。"

一语成谶，2021年，果然有不少开发商遇到资金困难，甚至违约。有的业主购买了信用资质疲软的开发商的房子，惨遭楼盘烂尾，不知什么时候才能喜迁新居，买了这些开发商理财产品的投资者则焦虑本金安全。不出所料，我哥哥非常幸运，买的是信用评级较高的万科楼盘，虽然交房日期是在2024年，但是万科在这次房地产行业信用大考中表现稳健，我哥哥买的新房楼盘建设进展顺利，所以这些准业主们基本不用担心烂尾房的风险。当然，通过这件事，我的家人对评级符号代表的风险有了非常直观和清醒的认识。

最近我听到很多朋友在热议理财打破刚兑、理财净值化对老百姓财富管理的影响。2018年4月27日，中国人民银行、银保监会、证监会、外汇局联合印发《关于规范金融机构资产管理业务的指导意见》，根据监管要求，资管新规过渡期到2021年底结束，2022年将是全面净值化时代，老百姓理财将面临信用风险可能带来的损失本金的风险。也就是说，如果我们购买的理财产品的底层资产是信用风险比较高的债券的话，一旦这些债券发行人的信用风险恶化了，二级市场上的债券价格将下跌；这也意味着，有些信用更差的公在债券到期了将无法及时偿还本金。这些情况都可能导致我们投资的理财产品净值下降，甚至导致本金的损失。如果我们作为个人投资者能够了解信用评级的基本知识，就能帮助自己理解和控制理财的风险。

2021年8月6日，中国监管机构颁布了《关于促进债券市场信用评级行业健康发展的通知》，文中第一条就是关于加强评级方法体系建设，提升评级质量和区分度。资本市场经常说，只有退潮了，才知道谁在裸泳。我经常推广的一个理念是：在一个信用文化良好的社会里，退潮以前，我们就可以理性地判断谁在裸泳。信用评级体系本身有22个级别的差异（最高的信用评级是AAA，代表了信用风险极低，最差的信用评级是D，代表违约了），就已经说明了信用较弱的公司很有可能在裸泳。国际信用评级的历史数据告诉我们，投资级别BBB评级的公司3年的违约率为0.91%，评级为B的公司的违约率是12.41%，也就是说B评级的公司违约率远远高于投资级的公司，其违约风险高了13倍，他们就是可能在裸泳的公司！和这类公司打交道的时候需要提前做好风险防控的工作，控制好自己的风险敞口。所以，无论是机构投资者还是像我哥哥这样的个人投资者，如果了解信用评级对风险的预警作用，都可以利用信用评级提供的透明信息，做出理智的投资抉择，提前做好风险管理工作，尽量避免信用踩踏事件发生。

本书的主要内容、特点和目标读者

我在标普全球评级[①]和标普信评的职业生涯是串通本书的主线。我在2009年开始从零打造在标普全球评级的职业生涯。由于

---

① 文中出现的标普（标准普尔）、标普全球评级、标普全球、标普信评各自的定义如下：标普泛指标普全球评级和标普信评，因为我在这两家评级机构都工作过；标普全球评级指的是从事国际评级业务的标普全球评级；标普全球指的是在纽约证券交易所上市的集团公司，包括了标普全球评级、标普指数等；标普信评指的是标普全球评级在中国的全资子公司，标普信用评级（中国）有限公司。

国际评级的价值体系已经搭建完善，资本市场也高度认可国际评级的价值，作为标普全球评级在中国的早期员工，我的工作就是推广标普全球评级在中国的发展，让更多的发行人能够取得标普的国际评级在境外市场融资，也让更多国际投资者通过全球可比的评级了解更多的中国发行人，从而帮助中国发行人在国际资本市场上建立良好的信用品牌和债券收益曲线，最终我们建立了一个有区分度的国际评级体系，实现了从零到一的突破。2020年初，我从标普全球评级转到中国的标普信评工作，再次从零开始建设标普信评在中国的信用基准，和国内市场参与者深入交流，一起建立和发展中国的信用文化。想要再次实现从零到一、质的飞跃，不单需要个人的努力，还需要各信用评级机构和发行人、投资者、基础设施公司等一起合作努力、集腋成裘，大家共同的力量才能促进信用评级市场有质量地发展，让信用评级真正担起资本市场看门人的责任。我从步入职场起，从事的一直是金融、信用评级和管理相关的专业工作，出于对信用评级事业的热爱和责任心，花了大半年时间思考、总结和写作，完成了平生的第一部著作，对我13年的信用评级职业生涯做了回顾和总结。这也是我人生的一个零的突破。

本书的第一部分将介绍信用评级的基本要素，深入分析国际信用评级能够在质疑声中持续发展、一直是国际金融市场的信用标准，而且掌握了全球信用评级市场的话语权的原因。2009年我加入标普全球评级时，恰逢美国刚爆发完金融危机。由于未能提前揭示信用风险，以及对住房次贷资产证券化产品①的AAA虚高评级，国际评级机构饱受市场诟病，影响力受到重创，在全球市场业务量持续下降；资产证券化市场受到的冲击尤其严重，一直没有恢复到2008年的水平。随后各国监管机构吸取教训，加强监管，降低外部评级依赖。与此同时，国际信用评级机构凭借市场驱动机制，坚持服务于投资者，保证评级的独立性，提高透明度，保证评级质量，逐渐在国际金融市场重新建立了影响力和声誉。

第二部分主要描述国际信用评级伴随中资美元债②市场的兴起在中国的快速发展。2010年，在中国金融市场改革开放、海外融资成本持续降低的大环境下，沉寂多年的中资美元债市场开始快速兴起和发展，发债规模从2010年的100多亿美元发展到2020年的近2000亿美元，增长了20倍。作为美元债发行的必要条件之一的国际评级开始在中国快速发展，大中华区（包括中国香港和台湾）的国际评级在2009年是156个，2020年时总数达到569个，

---

① 住房次贷资产证券化产品：住房资产证券化（Morgage-backed security）是指金融机构（主要是商业银行）批量地将住房抵押贷款打包组合在一起成为资产池，通过专门的证券化机构将这些资产出售给投资者，投资者收到相应的利息。在2008年金融危机前，美国房价暴涨，美国很多信用质量比较差的投资者也进入房地产市场并取得贷款。这些次贷资产证券化产品取得高评级并大量销售给投资者，当房价下跌，次贷的贷款人大量违约时，这些住房次贷资产证券化产品被急剧降级，价格下跌，导致了金融危机。

② 中资美元债：特指中国发行人在境外发行的债券，包括美元、欧元、人民币等不同币种的债券。彭博称为功夫债。

涨幅近4倍，新评级增加超过了400个。2021年下半年，房地产公司出现一系列违约，促使中资美元债市场出现拐点。恒大高达2万亿元人民币的负债，震惊了国际资本市场。随着制造业公司和房地产公司的违约增加，不断有公司退出资本市场和撤销评级。我将结合自己的亲身经历，全面论述从2010年到2022年国际评级在中国和中资美元债市场的兴起、发展和整合，用案例来说明：优秀的中国公司是如何利用资本市场的游戏规则成为资本市场的标杆，以及不尊重市场规律、野蛮发展的公司是如何被投资者抛弃、退出资本市场的。

在第二部分我还将分享国际信用评级机构近年来的发展重点，那就是推动绿色债券评估的发展，即加深ESG（环境、社会和治理）和信用评级的关系，探讨ESG将来发展的方向。

第三部分是关于中国资本市场和信用评级市场。随着金融市场改革开放的深化，有不少国际机构和资金被吸引进中国市场。作为资本市场基础设施的国际信用评级机构，标普信评是中国第一家由外资评级机构设立的全资子公司，在2019年1月取得了在银行间市场提供信用评级的资质。2020年初，我目睹了中国监管机构努力推动国内资本市场改革的决心，怀着支持改革中国评级市场的情怀，离开标普全球评级的舒适区，加入标普信评，担任总裁兼首席执行官，踏足全新的中国信用评级领域。在这一部分，我将重点分析中国债券资本市场和信用评级市场发展的特点、存在的问题，从新进入市场的外资评级机构的角度，和大家分享我在任的一年半时间里是如何带领标普信评团队，和国内资本市场的合作伙伴们一起打造有区分度的信用评级体系的。

在本书的第二部分和第三部分，我还借助自己在中资美元债市场和中国资本市场丰富的人脉，访谈了和信用评级相关的发行人、承销商、投资者和机构，他们都从自己的专业角度分享了对于信用评级重要性的观点，以及他们对于一些敏感问题（如评级虚高、中资美元债市场从投资者到承销机构都由中资背景的公司占了主流、中资评级机构走出去等）的看法。大家尝试根据国际和中国信用评级市场发展的历程和特点，总结信用评级在国际金融市场上如此重要的原因和目前存在的问题，探讨了其未来发展的方向，并对中国信用评级行业的健康发展提出了建议。

最后部分是我作为女性管理者的一点分享。我非常推崇独立女性的理念，无论在工作还是生活中，都积极鼓励自己做更多、走更远，同时享受自己作为母亲、职业女性、妻子等多层次身份的丰富生活。

需要特别说明的是，从刚加盟标普全球评级时的"一人一支队伍"、独自一人负责中国的市场拓展，到后来建立了分布于北京、上海和香港的大中华区销售团队，成为标普全球评级大中华区销售总经理，一直到2020年初成为标普信评的总经理，我一直是在信用评级机构的商务团队工作。根据标普全球评级和标普信评商务团队和分析师之间严格的防火墙政策，我从不参与任何分析师领域的工作，包括制定信用分析流程、开发和修订评级方法论、对发行人进行评级访谈、评级分析、评级委员会讨论等任何和信用评级分析相关的工作，所以本书不涉及任何评级方法论的讨论。另外，每家评级机构的方法论都是独立的，各有特色，没有所谓的统一方法论。各评级机构对发行人的评级可能存在差异，例如穆迪对中资四大银行的评级都是A1，比标普全球评级的A都高了一级；而且在某特定时刻，不同评级机构的信用评级观点可能是相反的，这一点我将在书中举例说明。

最后，即使在同一家信用评级机构，也存在国家主权、金融机构、保险公司、企业和资产证券化等信用评级的区别，每个类别都有相应的方法论，没有所谓的"最强大脑"分析师会了解所有评级方法论的。如果有读者对书中提到的评级符号背后的方法论和评级案例感兴趣，欢迎直接访问各评级机构网站和联系相关分析师交流。根据监管机构透明度的要求，每家国际评级机构都需要披露方法论和历史数据，所以评级机构的官网通常有详尽的资料；另外，分析师也会定期举行线下和线上研讨会，和大家介绍方法论、市场的信用观、最新评级以及重要的初始评级公布、评级调整等。现在中国信用评级机构也越来越透明，不仅会在网站上作信息公开，也会通过微信公众号及时和市场交流最新的评级信息。

如前文所言，作为唯一拥有13年国际和中国信用评级行业管理经验的行业资深人士，也是国内评级机构第一位女总裁，我期待本书给大家带来如下与众不同的价值点：

- 分享我的行业经验和第一手资料，这些都是目前中国同类出版物没有覆盖过的，而且本书是首次全面而系统地介绍国际信用评级和有代表性的案例，让大家了解信用评级的重要

性，以及信用评级和自己工作以及生活的相关性

- 从首家取得中国信用评级资质的外资评级机构角度，分享我本人和团队努力推动有区分度评级体系的努力和市场反馈
- 首次从市场参与者角度提供对信用评级的看法，访谈了发行人、投资者、承销商和评级机构，全方位提供对于信用评级发展的思考和建议
- 探讨了ESG这个热门话题和信用评级的关系
- 初步探讨国际评级机构走进来和中国评级机构走出去的机会和挑战

我在撰写本书的时候，脑子里一直想着的目标读者是：

- 国际、中国信用评级从业人士和对这个行业感兴趣的人士
- 国内外金融市场人士
- 研究经济、金融、信用评级和债券市场的学者、研究人员和学生
- 研究中国资本市场改革开放的人士
- 热爱投资的个人投资者，特别是高净值人群
- 当然，还有一直给予我强有力支持的亲朋好友们

高质量的信用评级是资本市场的基础设施，弥补了资本市场信息不对称的缺陷，提供了公开透明和具备前瞻性的信息，促进了资本市场的持续发展。我们都了解目前中国评级市场面临评级虚高的问题，这严重阻碍了债券资本市场的进一步发展。经

过30多年的发展，中国债券市场已经超过了百万亿元人民币的规模，是全球第二大的债券资本市场。随着中国资本市场的进一步改革开放，国际三大债券指数——摩根大通、彭博和罗素债券指数——已经将国内债券市场纳入他们的债券指数，国际投资者对中国债券的参与度日益高涨，目前国际投资者已经占了国内债券总规模的3%。我们非常期待各市场参与方能够一起努力，打造高质量的中国信用评级，进一步拓展和挖掘债券市场的广度和深度，提高市场效率；从而吸引更多的国际投资者，逐步提升中国债券市场的国际化程度，推动人民币国际化进程。打造具有区分度的、有影响力的信用标准，建立国内评级体系的信誉，将成为中国软实力的核心组成部分。

　　本书的所有信息和资料都来自国内外公开信息渠道，我只是有针对性地把有如沧海遗珠的信息收集起来，并不涉及任何保密信息。为了更全面展示从2010年到2022年国际评级机构在中国跨境市场和国内市场的发展，本书也包含了我对信用评级市场的观察和看法。需要说明的是，本书是我个人经验的总结和观点抒发，并不代表我服务过的机构的观点；受个人视野和能力的限制，不当之处还请大家多多包涵，也欢迎提出宝贵意见。

第一章

信用评级知多少

2009年11月，我正式入驻标普全球评级北京办公室，担任标普全球在中国的销售总监，负责开拓标普全球评级在中国市场的业务。

当时，在太平洋彼岸的美国，金融危机余波尚在，美国民众饱受2008年金融危机带来的财富损失之苦：失业率高企（我到现在还记得电视屏幕上，华尔街投资银行雷曼兄弟破产后离职员工抱着纸箱一脸茫然离开办公室的情景），股票大跌；很多人无法支付房贷，房产价值大幅下跌并被银行强制拍卖……选民们用脚投票，不再支持前两届的执政党共和党，反而选出了47岁的奥巴马出任美国第44任总统。奥巴马来自民主党，是美国第一位非洲裔总统，虽然缺乏政治经验，但是带着鼓舞人心的口号："是的，我们行！"奥巴马在自己的回忆录《应许之地》中袒露，他也觉得自己非常幸运，如果不是因为金融危机和美国深陷伊拉克、阿富汗战争等一系列原因，他是不可能逆袭、击败代表共和党的二战英雄麦凯恩成为美国总统的。在中国，由于政府推出的"四万亿计划"的经济激励政策，以及2008年北京奥运会的成功举办，大家则深信信心比黄金更重要；大量的企业信心满满地准备出海，趁欧美市场脆弱不堪的时候，拓展国际市场。

当时，国际信用评级在中国属于非常小众的舶来品，没什么存在感。3家国际信用评级机构——标普全球评级、穆迪和惠誉——在北京只有规模很小的办公室，员工配置非常相似，基本由一位业务人员、几位分析团队人员和一两位后台支持人员组成。因为我是向在香港的亚太区销售总经理汇报，面试的时候我还当天来回专程去香港和他见了一面。当时，在标普全球评级公开了国际信用评级的中国发行人只有20多家，基本都是大型央企和银行，取得评级主要是为了满足交易对手风险管理要求和做市场宣传；只有少数红筹结构的房地产公司（例如中海房地产）取得国际评级，目的是在香港发行美元债。

2010年之前，由于境外融资成本比较高，以及中国公司在境外发债的制度安排尚未成熟，中资美元债市场仍处于休眠状态，后来长期占据中资美元债市场活跃板块的房地产和城投公司两大板块还未成气候，房地产行业仅有在香港上市的红筹公司（例如中海房地产、碧桂园和雅居乐等）取得了评级，发债规模也不大。恒大在2010年发行了13亿美元的债券，就已经是所有中资发行人中规模最大的了（谁也想不到几年后恒大单笔的美元债规模高达40亿美元）。到2011年，为了中石油的发债，风行一时的维好协议发行架构[1]才被聪明过人的投资银行家们创新出来。在此

---

[1] 由于中国有外汇管制政策，中国公司在境外发债，无论是直接发行还是担保发行都需要取得监管机构批复。为了解决审批的不确定性，2011年，在中国石油首次发行美元债的案例上，投资银行使用维好协议（Keepwell Deed）以及股权购回承诺（EIPU），以取代母公司担保。这种方式最大的好处就是可以绕开中国监管机构针对担保债权烦琐的审批流程。后来这种方式被房地产公司（例如万科）和金融租赁公司（如工银租赁）用于境外发债。2015年后，国家发改委颁布了2044号文，更多公司使用直接发行和担保发行，因此使用维好协议的情况逐渐减少。

之前，在中国上市的房地产公司（如房地产龙头万科）无法直接在海外发债，因此对中资美元债市场刚需之一的国际信用评级也没有兴趣；而城投公司那时连国内债券市场都还没有涉足，更别提为了出海中资美元债市场而取得国际信用评级了。所以，当时国际信用评级在中国金融市场上影响力非常有限，我们觉得把自己定位为推广信用文化的大使更为恰当。

由于我在加盟标普全球评级以前未曾从事信用评级行业的工作，我需要从零开始学习信用评级知识，特别是标普全球评级的知识，以便更好地和客户交流。那时，我们出去见客户最常干两件事：第一是介绍标普到底是干什么的。当时，媒体对包括标普全球评级在内的所有国际评级系统的风评一边倒地消极；当然，比起现在针对负面新闻的铺天盖地的口诛笔伐，那时候的媒体相当温和了。第二是分享国际信用评级对这位客户有什么价值。因为当时公开信用评级的发行人数量非常有限，缺乏客户熟悉的评级案例；后来担任国际评级市场推手的债券承销团队，特别是评级顾问①也还处于热身阶段（中资美元债市场发展起来后，评级

———————

① 在国际债券市场上，规模比较大的承销商团队里经常有评级顾问，他们是发行人和评级机构的桥梁：向发行人详细介绍评级价值、方法论，协助发行人准备评级资料并和评级机构沟通，根据发债时间表完成发行人主体评级和债项评级工作，还会协助发行人年度评级管理的工作。考虑到评级顾问的专业性，承销商通常从评级机构聘请分析师作为评级顾问。这项专业服务在成熟市场是要付费的，在中国市场则成为承销商工作的一部分。在第四章中我们专门访谈了一位专业的评级顾问，会作详细的介绍。

顾问俨然成为国际信用评级机构的免费代言人）。所以，我们介绍国际信用评级的益处时基本就是聊理论知识，这对发行人而言就是卖花人说花香，没有评级顾问作为第三方推荐那么有公信力（何况人家还自带海外发债案例的重要卖点，提供的是买一送一的服务）。我记得曾经向一家大型央企的财务负责人介绍，发行美元债的最大好处是可以帮助公司节省大量的融资成本，该企业的财务负责人很傲娇地回应说："所有的中资银行都排队贷款给我，利率下浮10%，我为什么要取得评级发债？"几年后，这家大型央企首次发行了美元债，才惊喜地发现自己直接发行美元债券的融资成本竟然和通过中资大行融资的成本是一样的。

第一节　信用评级到底是什么？
万亿美元市值的特斯拉和微软的评级为什么差了10级？

　　在我13年的信用评级职业生涯中，最经常遇到的问题是：信用评级到底是什么？对评级有很高期许的人来说，评级能判断将来的风险，高评级的债券风险低，低评级的债券风险高。在他们眼中，信用评级好似一个水晶球，可以准确地告诉市场和投资者，发行人和金融工具将来何时有风险。另一方面，对评级了解不多或者曾经被某评级事件伤了心的人会说，评级就是晴天送伞、雨天收伞。更糟糕的一种说法是，评级是任人打扮的小姑娘，用金钱就可以买到AAA的最高评级，可以给已经摇摇欲坠、外强中干的公司增光添彩。最著名的例子就是恒大在2015年时喜提3个国内的AAA评级，而当时它在标普全球评级公开的国际评级是B+，国内外评级相差了14级！

恒大首度境内发债50亿元 获三大机构AAA评级

来源：网络公开信息

2015年6月16日，沪港通标的股恒大地产宣布拟在境内发行公司债券，恒大此举受资本市场高度关注，中国3家最大信用评级机构中诚信评级、大公国际、联合资信齐齐给予该笔境内债最高信用等级AAA，同时3家机构亦都给予发债主体恒大以AAA的主体最高信用等级，评级展望为稳定。以此次发债的恒大为例，3家机构同时授予AAA，中诚信评级认为其具有较强的成本及风险监控管理能力，公司多元融资渠道提升了公司的财务弹性；大公国际认为其布局广泛均衡，具有较强的适应和抗风险能力；联合资信则认为其销售多年持续增长，收入、利润、规模将进一步提升。

恒大此次发债获三大机构同时授予AAA最高评级，与其良好的基本面密切相关。统计显示，恒大从2009年上市到2014年，各项核心数据年年稳增：销售额年均增长66.8%，净利润年均增长301.8%，核心净利润年均增长更高达810.3%。最新业绩简报显示，恒大5月销售达167亿元，创有史以来单月销售新高，基本面持续向好。

一位业内人士表示，AAA评级对企业的要求非常高，往往只有大型央企才能拿到，如中粮集团、中信集团、中

国黄金、国家电网等，不过一般也只取得一家机构的AAA
评级，此次恒大可谓创造了中国企业信用评级的个案。

各国监管机构对于信用评级都有各自的定义，描述稍微有点
出入，但核心观点是一致的：信用评级是对信用风险的评估，包
括对发行人主体和其发行的债务的偿债能力和意愿做出的评估，
并使用特定意义的符号表达。评级符号最早是由穆迪在1909年推
出的，其最高评级是Aaa，最低是C。随后标普和惠誉推出了类似
的信用符号。

下表是标普全球评级对评级符号的定义和各评级公开发行
人的代表。由于截至2022年3月25日中国的主权评级是A+，因此
AA-以上的发行人评级例子只能是国外的。特别需要指出的是，
在标普全球评级体系里，美国的主权评级不是AAA，标普全球评
级在2011年8月5日将美国的主权评级下调到AA+，而穆迪和惠誉
对美国的主权评级仍分别是最高的Aaa和AAA。这也说明了国际
评级机构的独立性，不同的评级机构对发行人的信用看法可能是
不一致的。

市场上习惯上把BBB-以上的评级叫作投资级别，BB+以下的
评级称为非投资级别，又称为投机级、高收益或垃圾债，这不是
评级机构自己定义的。历史上，投资级债券是指银行监管机构和
市场参与者认为适合金融机构的投资，后来市场参与者根据不同
级别的债券的长期表现，例如稳定性和违约率而区分出来。投资

级别以上的债券的风险相对于非投资级别的要低，所以很多机构投资者在投资指引中规定，只投资于投资级别以上的债券。但投资级别并不意味着完全没有违约风险，例如著名的雷曼兄弟就是在投资级别直接违约的。非投资级别通常指的是这些发行人目前还有能力偿付债务，但是经济和金融危机等不确定因素会严重影响发行人信用质量，导致评级下调或者违约。本书在第三章对不同评级级别的表现会有更加详细的分析。

表1-1　标普全球评级不同级别的定义和公开发行人代表

评级符号	定义	中国发行人	全球发行人
AAA	最高评级。偿还债务能力极强		微软，强生，德国，新加坡
AA	偿还债务能力很强，与最高评级差别很小		美国，法国，亚马逊，苹果
A	偿还债务能力较强，但相对于较高评级的债务/发行人，其偿债能力较易受外在环境及经济状况变动的不利因素的影响	中国主权，中石油，腾讯	美国银行，三菱重工，辉瑞制药
BBB	目前有足够偿债能力，但若在恶劣的经济条件或外在环境下其偿债能力可能较脆弱	万科，龙湖，宁德时代	高盛，大众，通用汽车，穆迪
BB	相对于其他投机级评级，违约的可能性最低。但持续的重大不稳定情况或恶劣的商业、金融、经济条件可能令发行人没有足够能力偿还债务	招金矿业，新城发展	特斯拉，软银，推特
B	违约可能性较BB级高，发债人目前仍有能力偿还债务，但恶劣的商业、金融或经济情况可能削弱发行人偿还债务的能力和意愿	金辉地产，时代地产	美国有利来路化学，Gs Technologies

评级符号	定义	中国发行人	全球发行人
CCC	目前有可能违约，发债人须倚赖良好的商业、金融或经济条件才有能力偿还债务。如果商业、金融、经济条件恶化，发债人可能会违约		
CC	目前违约的可能性较高	富力地产	
C	提交破产申请或采取类似行动，但仍能偿还债务		
SD/D	当债务到期而发债人未能按期偿还债务时，纵使宽限期未满，标准全球亦会给予 D 评级，除非标准全球相信债款可于宽限期内清还。当发债人有选择地对某些或某类债务违约时，标准普尔会给予 SD 评级（选择性违约）	恒大地产	

资料来源：根据公开信息整理分析

备注：AA级到CCC级还可加上+或−，以区别评级在各主要分类中的相对强弱。评级信息截至2022年4月1日。

如我在前言提到，本书不讨论评级方法论，但为了更好说明国际评级机构的透明度，说明各发行人评级的区别、债项评级的区别等，下面简单介绍标普全球评级由下至上的评级方法和主要步骤：

第一步：根据发行人所在行业的评级方法论得出基准评级（anchor），然后根据这个行业的调整因素，得出独立信用状况，也叫独立评级（SACP，standalone credit profile），通常用小写字母表示以和最终评级区别开来。对于一些民企来说，如果它们没有集团公司和主权评级等外界因素对最终评级的影响，那么独立评级就是这个发行人的最终评级了。例如腾讯的独立评级是a+，最终评级也是A+。

第二步：对于国企和有集团公司的发行人，则需要考虑政府/集团公司信用质量对发行人的影响。如果该政府和集团没有评级，需要根据第一步先得出它们的评级，并且评估政府/集团和发行人的关系。在中国，因为政府评级和外资金融机构集团公司的评级比较高，所以它们对国企和外资银行/保险公司的影响通常是正面的，会带来评级提升；对于子强母弱的民企，那么发行人评级可能会受到集团公司负面的影响，使最终评级降低。最终评级报告都会披露独立评级和最终评级。例如，中国银行的独立评级是bbb+，最终评级是A，提升了2级。又如，标普全球评级曾对阳光城上市公司的独立评级是b+，但阳光城被集团公司较疲弱的信用状况所影响，最终评级是B；这家公司在2020年直接撤销了评级。

第三步：根据发行债项/资本工具的文件，得出债项评级。对于银行发行的AT1资本工具，标普全球评级是以独立信用状况作为起点考虑债项评级的。例如，中国银行的高级债项评级是A，由于其独立评级是bbb+，考虑到AT1资本工具的特点，它的

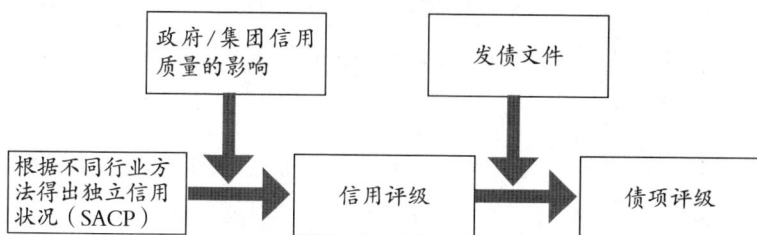

图1-1　标普全球评级流程图

债项评级需要从独立评级下调3级，最终中国银行AT1的债项评级是bb+。

我在这里分享几个在工作中经常被问到的评级案例。这些案例都非常有参考意义，而且体现了评级机构的原则和重要的方法论。

案例一：标普全球评级为什么把美国主权降级到AA+？有什么影响？

早在1941年，标普全球评级便授予美国 AAA 的主权评级。2011年8月5日，标普全球评级将美国长期主权信用评级由AAA降至AA+，评级展望负面。这是美国在历史上首次失去三大信用评级机构的AAA信用评级（另外一家投资者付费的美国评级机构Egan-Jones在同年7月16日将美国主权评级从AAA下降到了AA+。由于这家评级机构影响力远远小于标普全球评级，即使它是最早的吹哨人，也没有引起市场的波动）。调降评级主要出于美国政府与国会达成的债务上限协议，这项协议导致美国政府缺少标普全球评级所预期的举措以维持中期债务稳定。根据公开资料，标普全球评级下调美国主权评级这一举动，在2011年给市场带来9.7万亿美元的损失。这个评级下调当时引起市场很大争论，时任总统奥巴马就评级下调作出严正声明，宣称美国是AAA国家。巴菲特也力挺美国，说在他心目中美国永远是AAA的国家。不过，彭博邀请了1000名用户就此事参与调研，其中有57%的用户同意标普全球评级的观点。

根据公开报道，标普全球评级这次对美国主权评级的下调导致了相对严重的后果。美国政府马上开始调查标普全球评级在2008年金融危机若干房屋抵押贷款资产证券化产品中扮演的角色。为了修复和美国政府的关系，标普全球评级在8月23日，即美国主权评级下调仅仅18天后，宣布当时的总裁德文·夏马会在9月12日卸任，并在年底离开公司（德文·夏马现在是房地产借贷和保险公司ROC360的董事长，还担任了著名的网络安全评级公司SECURITYBOARD的董事）。

直到我撰写本文的今日（2022年4月1日），穆迪和惠誉一直保持美国主权AAA的评级。

案例二：特斯拉2014年的初始评级是B−，8年过去了，硅谷"钢铁侠"马斯克都已经封神了，他的公司还是垃圾级，为什么？这些年标普全球评级对特斯拉的评级观点有什么变化？

特斯拉绝对是最魔幻的巨头公司，它在股票资本市场的估值已经超过1万亿美元，是万亿超级俱乐部里面唯一一家制造业公司，其他的巨头都是成名已久的高科技公司，例如微软、谷歌、亚马逊、苹果，这些公司的评级都是AA+或者AAA，而特斯拉的评级还是垃圾级别的BB+，差了近10个级别！

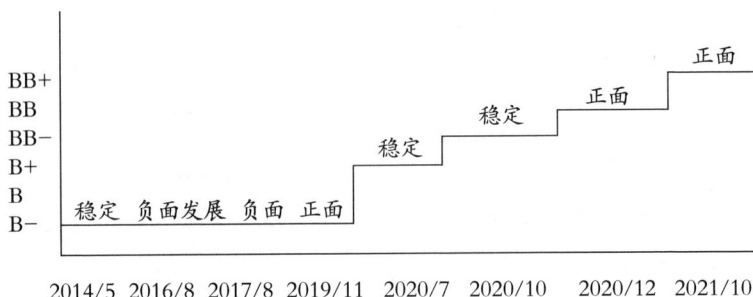

图1-2：2014—2022年特斯拉公司评级变化

资料来源：彭博，评级信息截至2022年4月1日

上图显示了特斯拉从2014年的B-到现在BB+，8年的评级之路：

- 2014年5月，标普全球评级授予特斯拉B-主动评级，当时考虑到有足够多的投资者对特斯拉感兴趣，因此根据公开信息授予了主动评级。当时标普全球评级在业务风险方面给特斯拉的打分是极弱（vulnerable），财务杠杆为极大（highly leveraged）（参见表1-2：标普全球评级企业评级业务和财务风险打分矩阵表）。

- 2016年8月，由于特斯拉和太阳能城市合并，考虑到合并带来对资本结构的风险，标普全球评级将特斯拉从B-评级下调为负面观察。

- 2017年8月，伴随着特斯拉股票增发成功，标普全球评级将其移出负面观察，但由于特斯拉仍存在运营风险，其经营现金流何时转正仍存在不确定性，评级还是负面。（我们不知道标普全球评级是什么时候将特斯拉的评级从主动评级改为委托评级的，从2017年开始，标普全球评级的报告中不再出现主动评级的说法。）

- 2019年11月，由于特斯拉债务减少，现金流也好于预期，标普全球评级将特斯拉的B-评级上调为正面。

- 2020年7月，考虑到公司持续改善的盈利能力和现金流，以及提升的竞争能力，标普全球评级将特斯拉评级直接提升两级到B+，展望稳定。

- 2020年10月，时隔3个月的又一次升级，增强的竞争地位和出色的流动性，促使标普全球评级将特斯拉提升到BB-，展望稳定。

- 2020年12月，时隔2个月在一年内的第三次升级，特斯拉的评级提升到BB，展望正面。当时特斯拉通过股票发行筹集了120亿美元的资金，极大地改善了公司的资本结构。

- 2021年10月，标普全球评级上调特斯拉评级至BB+，正面展望，使其信用评级离投资级仅半步之遥。良好的息税前利润比例、较强的执行能力、高效的生产和国际规模效应有助于信用质量提升，基于这几点，标普全球评级认为特斯拉在之后几个季度的汽车交付、收入和利润都将表现优异。另外，特斯拉在2021年第三季度提前归还了2025年到期的15亿美元的债券，现在没有外债（特斯拉在2017年曾发行了15亿美元债券，年利率为5.3%。2018年时，当时市场担忧特斯拉的财务状况，债券价格曾经跌到80多美元）。这次评级提升是标普全球评级在过去一年多对特斯拉的第四次评级调升，我们非常期待特斯拉早日晋升到投资级，期待马斯克不单在股市封神，在债市一样能再创奇迹。

特斯拉的评级已经在进步的阶梯上努力了8年。随着竞争能力的提升、产能的扩大、持续向好的盈利能力和现金流，以及杠杆率的降低，标普对于特斯拉的信用观点从2014年的业务风险为极弱和财务风险为极大，逐渐改善到了2021年的业务风险为一般（fair，比8年前改善了2级）和财务风险为较低(modest，比8年前改善了4级)，这样得出了特斯拉的基准评级是bbb-，但是因为标普认为特斯拉在全球可比汽车公司中历史短、不确定性较大，因此在可比评级调整因素上降了一级，给特斯拉的最终评级为BB+。这和微软AAA的评级比较还是差了10级，因为微软的业务风险和财务风险打分分别是卓越(excellent)和极低(minimal)。微软不仅业务稳定、多元化，拥有无可比拟的竞争力，还在财务管理上非常谨慎，财务指标持续强有力；其充裕的净现金流，尤其展示了强有力的信用质量，因此分别在业务风险和财务风险两个领域优于特斯拉3个级别和1个级别。根据标普全球评级业务和财务风险打分矩阵表，微软和特斯拉的基准评级分别是aaa和bbb-，差了9级，因为特斯拉最终评级下调了一级，所以最后这两家鼎鼎大名的公司发行人主体评级差了10级。我们在下一个案例分析了微软为什么能够保持最高的AAA评级。

案例三：美国主权评级是AA+，那么美国有AAA的公司吗？有的话是为什么？

在制造业为王的时代，美国有超过50家的AAA公司。随着全球局势的变化和经济的发展，这些AAA公司早已随风飘逝，目前标普全球评级体系中的AAA公司在美国只有2家，分别是微软和强生。我在此摘录这2家超级明星公司的评级报告，然后说明一下这两家公司评级能够超越主权评级的原因：

- 微软从2008年一直保持AAA的超然地位，因为标普全球评级认可微软多元化的软件和硬件产品组合。微软在办公室系统建立了长期的领先地位，庞大的运营净现金流可以满足收购需要和股东回报。公司长期保持财务审慎的投资政策也是保证其出色的信用质量的正面因素。在评级打分体系，代表其具备出色的业务和最小的财务风险。微软超过一半的收入来自美国以外市场。微软在1996年取得AA评级，在12年后被提升为AAA评级的公司。

- 几家欢喜几家愁。考虑到杠杆率上升和法律风险，在2020年10月29日，标普全球评级将强生AAA评级展望下调为负面。当时，强生以60亿美元收购Momenta医药公司，将负债率推高到1.3倍，是该公司15年以来最高水平。"滑石粉致癌"事件引发的诉讼风险，也导致强生面临高昂的法律费用。我们都不希望强生失去1987年以来一直保持的AAA的地位。

很明显，微软和强生属于下面表格最左上角aaa/aa+的打分，业务打分为卓越，财务风险极低；而特斯拉在2014年刚取得评级的时候是右下角b−的打分，业务打分为极弱，财务风险为极大。特斯拉的基准评级在2021年被提升到bbb−，业务打分为一般，财务风险较低；因为和可比公司比较信用还是相对较弱，其最终评级下调了一级到BB+。

表1−2：标普全球评级企业评级业务和财务风险打分矩阵表

财务风险打分						
业务风险打分	极低	较低	中等	较大	很大	极大
卓越	aaa/aa+	aa	a+/a	a−	bbb	bbb−/bb+
出色	aa/aa−	a+/a	a−/bbb+	bbb	bb+	bbb−/bb+
较好	a/a−	bbb+	bbb/bbb−	bbb−/bb+	bbb−	b+
一般	bbb/bbb−	bbb−	bb+	bb+/bb−	bb−	b
疲弱	bb+	bb+	bb	bb−	b+	b/b−
极弱	bb−	bb−	bb−/b+	b+	b	b−
财务风险指标	极低	较低	中等	较大	很大	极大
FFO/ 债务	>60%	45%~60%	30%~45%	20%~30%	12%~20%	<12%
债务 /EBITDA	<1.5 倍	1.5~2 倍	2~3 倍	3~4 倍	4~5 倍	>5 倍
EBITDA 利息倍数覆盖	>15 倍	10~15 倍	6~10 倍	3~6 倍	2~3 倍	<2 倍
FFO 利息倍数覆盖	>13 倍	9~13 倍	6~9 倍	4~6 倍	2~4 倍	<2 倍

资料来源：《债券博弈：弄潮国际债券市场的中国企业》

备注：FFO为经营现金流，EBITDA为息税折旧前利润，这两项为核心指标。

上表得出来的是企业的基准评级，标普全球评级还会考虑到如下6个调整因子后得出最后的独立评级，这对于没有集团或者政府控制的公司就是最后的评级。如果这家公司由政府或者集团控制，那么需要评价集团/政府（对于中国客户，中国主权评级对大部分国企的评级都有正面的影响）的影响才能得出最后评级：

- 多元化
- 资本结构
- 财务管理政策
- 流动性
- 管理和公司治理
- 可比公司比较（如上文介绍，特斯拉因为这个调整因子而被下调了一个级别）

为什么微软和强生的评级都是AAA，能够高于所在国美国AA+的主权评级呢？这里需要介绍一下标普全球评级主权评级和所在国发行人的评级关系。一般来说，发行人的信用评级不能高于其经营所在国的信用评级，即使该发行人的信用质量高于其所在国，发行人也不可以突破国家主权评级上限。信用评级机构很少给地方政府和发行人提供高于该国主权评级的评级，因为信用评级机构认为，特定主权范围内发行人的表现在很大程度上取决于该国的经济表现。这被称为"主权上限"。这项规则基于这样一种信念，即企业违约与主权危机之间存在直接关联。

不过，这种主权上限政策的情况并不是绝对的，因为主权违约并不一定意味着公司违约。一家发行人的国际多元化程度越高，其受所在国环境恶化影响的可能性就越小。事实上，标准全球授予了全球约100家发行人高于主权评级的评级。在美国，微软和强生的信用评级高于美国主权评级，而标普全球评级并没有下调这两家发行人的评级。标普全球评级特别在微软的评级报告中指出，微软无论在合同、收入、津贴和担保方面都不依靠美国政府，而且公司业务全球化程度非常高，超过一半的收入来自美国境外。

问题来了，信用评级机构在什么情况下愿意给出高于主权评级的评级？在标普全球评级的方法论里，有对假设主权违约情景下的公司评级进行的压力测试（除非主权国家的主权外币评级为AA-或更高）。另外，针对发行人评级高于主权评级的情况，标普全球评级会设置4个等级的上限，而此类上限由国家主权评级的"转移和可兑换风险"决定。转移和可兑换风险，指的是政府当局可能实施资本和外汇管制的风险，风险越高，私营部门将本币兑换成外币、将资金转移给非居民债权人的难度就越大。

企业评级比所在国主权评级高的另外一个著名的案例是印度的外包公司INFOSYS。印度的主权评级是最低的投资级别BBB-，而INFOSYS的评级在2021年8月31日从A-提升到A，比主权评级高了4级，这主要归因于该公司出色的执行能力和外包业务的成本优势，INFOSYS审慎的财务政策和稳定的管理团队也提升了其信用质量。INFOSYS在2005年获得BBB−的初始评级（当时印度的主权评级是BB+），当时的评级报告就提到，该司在20多个城市设有开发中心和销售办公室，98%的收入来自海外。INFOSYS在17年里提升了4个级别，而印度主权评级在2007年被提升到BBB−后，到2022年时已经15年没有变化了。

　　虽然不同的国际评级公司的符号各有定义、不可比较，大家习惯上还是会对国际三大评级机构——标普全球评级、穆迪和惠誉——的评级符号作个大致的对比。而且很多投资者会要求债券发行人取得2个国际评级，以便了解不同国际评级机构独立的信用观点，做出审慎的投资决策。

表1−3：国际三大信用评级机构评级符号比较

	标普全球评级	穆迪	惠誉
	AAA	Aaa	AAA
	AA+	Aa1	AA+
	AA	Aa2	AA
	AA−	Aa3	AA−
投资级别	A+	A1	A+
	A	A2	A
	A−	A3	A−
	BBB+	Baa1	BBB+
	BBB	Baa2	BBB
	BBB−	Baa3	BBB−

	标普全球评级	穆迪	惠誉
高收益级别	BB+	Ba1	BB+
	BB	Ba2	BB
	BB−	Ba3	BB−
	B+	B1	B+
	B	B2	B
	B−	B3	B−
	CCC+	Caa1	CCC+
	CCC	Caa2	CCC
	CCC−	Caa3	CCC−
	CC	Ca	CC
	C	−	C
	−	−	RD
	D	C	D

资料来源：根据三家评级机构公开信息整理

除了评级符号，评级机构经常用到的定义还有：

- 展望：分为稳定、正面、负面、发展中。投资级别的展望期限是6个月到2年。如果展望是正面或负面的话，说明评级有30%的概率会被调整。

- 信用观察：分为正面、负面、发展中。在90天内需要更多信息解决信用观察。对于处在信用观察的发行人，评级有50%的概率会发生变化。

为了让大家能够直观了解国际信用评级符号代表的风险、资本市场发债的定价和对应理财产品的风险，下面我以大家耳熟能详的房地产公司举例说明。

如果投资者在2018年2月25日投资万科和泰禾的美元债券，万科和泰禾债券的报价分别如下：

- 万科：3年期限的美元债券，惠誉的评级为BBB+，收益率为3%

- 泰禾：3年期限的美元债券，惠誉的评级为B，收益率为14%

你会发现泰禾的收益率是万科的近5倍！大家了解投资者都是理性的，泰禾如此高的收益率也反映了比较高的违约概率。标普全球评级的研究表明：评级越高，违约率越低；评级越低，违约率则越高。例如，标普全球评级的历史数据显示，BBB评级的公司3年内的违约率为0.91%，BB的是4.17%，B的是12.41%，CCC/CC的则高达45.67%。因此，投资者购买低评级债券的额外风险需要高的收益溢价作为补偿。

如果投资者不是直接投资这两家公司的美元债券，而是投资资产管理公司的理财产品，那么在资管新规下，一旦资产管理公司投资的债券价格下跌，产品净值将有可能跌破1元，再也没有所谓的刚兑和稳稳的幸福了。仍以投资万科和泰禾债券的理财产品为例：假设这个理财产品只投资了万科和泰禾的2个债券，并且万科和泰禾各占50%的比例，如果泰禾债券违约了，那么该产品的净值将是（55+5）=0.6元。为了简单化，此处忽略持有债券期间收到的债券利息。

- 万科债券：购买价100元，因为流动性充裕，现在的利率下降了，因此债券价格上涨，现价110元

- 泰禾债券：购买价100元，违约了，血本无归，假设债券价格跌到10元

如下是惠誉对万科和泰禾跟踪评级的新闻稿节选。

惠誉：确认万科企业"BBB+"长期本外币发行人评级，展望"稳定"

2020年9月28日，惠誉确认万科企业股份有限公司（以下简称"万科企业"）长期本币和外币发行人违约评级为"BBB+"，展望"稳定"。惠誉还确认了万科地产（香港）有限公司（以下简称"万科香港"）发行的高级票据评级为"BBB+"，该票据由万科企业提供维好协议和股权购买协议。

惠誉同时授予万科香港"BBB+"的长期外币发行人评级以及高级无抵押评级。万科香港为万科企业的全资子公司，长期外币发行人评级的展望"稳定"。上述评级反映了万科企业领先的市场地位和稳定、强劲的财务状况。

惠誉：降泰禾集团长期外币发行人评级至"CC"

2020年5月14日，惠誉将中国房企泰禾集团股份有限

公司（以下简称"泰禾集团"）的长期外币发行人评级和高级无抵押评级从"CCC+"下调至"CC"。

此前有迹象显示，泰禾集团各运营子公司的流动性受到限制，从非银行金融机构获得融资的能力减弱。华能信托提起的诉讼表明，融资渠道削弱的情况并不局限于规模较小的非银行金融机构。华能信托是一家大型贷款机构，泰禾集团多年来一直与其合作。惠誉认为，泰禾集团面临重大的短期再融资风险，尤其是到2020年7月5日，将有一笔15亿元人民币的中期票据到期。

前言中，我提到了我哥哥买万科楼盘的"幸运"经历，这里再给大家分享下投资者购买泰禾在北京孙河的豪宅"北京院子"的伤心经历。

如下是媒体的公开报道：

暴跌近80%！这家A股地产公司资金链断裂？500多户业主喊话董事长：我们将无家可归！

2020年6月8日　来源：《中国基金报》，泰勒

今年有些房地产公司不好过。今天微博有人爆料，龙头地产公司泰禾集团资金链疑似断裂，500多个家庭买了

泰禾·北京院子二期，结果出事了。该项目已于去年底停工，在业主持续维权、多方投诉后，才勉强有限复工，工程方不断传出消息："再不给建设资金，就停工走人！"

500多个家庭可能面临无家可归的风险。泰禾集团遭业主声讨。

曾经的千亿房企泰禾，2017年底营业额刚到千亿，便喊出了进军2000亿的目标，2019年却已掉出千亿房企队列，令人唏嘘。

近段时间以来，泰禾日子并不好过。在泰禾出现一系列债务问题时，维权的声音也随之而来。6月8日，泰禾·北京院子二期的业主在微博上公开发文，声讨泰禾的董事长黄其森，业主们称，泰禾·北京院子二期，是收了购房者近百亿资金的项目，500多个家庭被黄其森"院子"初心吸引，倾尽所有圆一个院子梦，然而该项目已于去年年底停工，在业主持续维权、多方投诉后，才勉强有限复工。工程方不断传出消息，"再不给建设资金，就停工走人！"卑微的业主只能再一次喊话泰禾集团董事长黄其森，如果黄老板还有一点做地产的初心，就请把挪用的购房款拿回来，哪怕只有几千万就行！让这个项目度过艰难的六七月，业主将展开自救！"文化筑居中国"莫要变成"文化筑拘业主"！

公开信称，买了北京院子二期的业主，绝大部分是卖房置换，如果新房不能如期交付，他们将无家可归，但跟公司谈判后，泰禾的回复都是资金紧张，没办法解决问题。

业主们称，他们已经交了足够盖房子的房款，他们怀疑这些钱可能被挪作他用。

为什么房子还没建好？公开信显示，北京院子二期长期停工，合同约定明年6月交房，但现在一半工程还没出地面。施工方称，泰禾拖欠数亿工程款，他们不久后将停工走人。北京院子二期烂尾几乎成了定局。

最近因为房地产行业危机，大量的烂尾房出现，这已经不是个别公司信用的问题了。我们希望通过上面的投资案例，大家能充分了解评级的概念、区分度、揭示风险能力和对投资者的重要性。投资者的定义可以非常广泛，包括购买房屋的准业主、在债券市场直接投资债券的机构投资者、购买了债券理财产品的机构和个人投资者，还有这些公司的供应商等。当然，我们一再强调，评级不等于投资推荐，高的评级并不代表没有违约风险，例如我们前面提到的美国华尔街投行雷曼兄弟曾在金融危机时从A的高评级直接违约。评级只是一种相对概念，高的评级代表违约风险比低评级的要低。说实在话，我们每次做了这个解释后，听众都有点茫然。因为在大部分听众看来，国际评级享有盛名，这些符号，特别是高评级的符号，犹如金刚护体。

第二节　无处不在的信用评级：信用评级的重要性

成也萧何，败也萧何。20世纪70年代的美国金融危机推动了评级机构的迅猛发展，但是到了2008年的次贷危机，评级机构却成了千夫所指的罪魁祸首。评级机构对资产证券化产品的虚高评级和在欧债危机中降级带来的负面作用，让市场对信用评级的批评声音非常大。我在这里也和大家分享几个金融危机中关于国际信用评级的切面。

在以美国2008年金融危机为主题的《大而不倒》一书中，就多次提到国际信用评级的重要作用。书中提到美国保险集团（AIG）在2008年金融危机中由于风险上升，面临评级下调的压力。因为AIG出售信用违约掉期（CDS，credit default swap）[①] 的合同条款要求AIG保持在某一评级水准（当时AIG评级是AA-），如果评级下调，那么AIG需要增加抵押品，作为对信用掉期索赔的保险。如果标普全球评级和穆迪中的穆迪将AIG 的评级降了一级，那么AIG需要增加105亿美元的担保品；如果2家评级机构都对AIG下调1级的话，那么AIG需要增加133亿美元的抵押！如果

---

① 金融衍生产品。贷款方或投资者通过从其他机构购买CDS抵消信用风险，在借贷者出现违约时将获得赔偿。

AIG 无法支付这些现金，那么破产是唯一结局。可见在国际金融市场上，评级是多么重要，良好的评级价值百亿美元以上！

AIG为了避免被标普标普全球评级和穆迪降级，要求美国联邦筹备银行提供贷款救助，当然被拒绝了。他们又去找世界第一富豪巴菲特，希望出售资产给巴菲特以取得现金救急。当时AIG的总裁维尔伦斯塔德（Willumstad）希望出售公司旗下最好的业务——美国产险业务——给巴菲特，这个业务每年收益大概400亿美元，在现金为王的危急时刻估值只有250亿美元，而他给巴菲特的友情价是200亿美元。但是，巴菲特回复说250亿美元的生意规模太大了。维尔伦斯塔德从没想到巴菲特会认为一单生意太大！巴菲特解释："我必须调动我所有的现金和尽我所能，不做任何对我们公司的 AAA 评级有害的事情。"

我想再展开说一下导致了AIG坠落的AIG金融产品部门，这个部门也和评级息息相关。这个部门成立于1987年，创始人是AIG前董事长格林伯格（Greenberg）和霍华德·索辛（Howard Sosin，绰号衍生产品的最爱博士，而巴菲特把衍生产品称作大规模毁灭性工具）。霍华德·索辛为了寻找更多资金的支持，也为了寻求高评级带来的低成本，在1987年带着13人的团队加盟了AIG。这个团队像对冲基金一样运作，他们获取38%的利润分成。他们成功的关键是AIG的AAA评级，这使得其资金成本大大低于其他公司，让他们以比较低的成本承受更多风险。

格林伯格非常珍惜AAA评级带来的价值，而且非常慎重地捍卫这个高评级。他曾经警告金融产品部门说："如果你们这些家伙危害到我的AAA评级，我会拿着叉子追你们！"后来霍华德·索辛离开了，他以前的手下卡萨诺（Cassano）挑起大梁，继续寻找安全的投资。摩根大通要摆脱自己的坏账风险，就推荐信用掉期给他，卡萨诺深受启发，开发了自己的信用掉期产品，他们天真地认为金融市场上违约不会同时发生，因此他们可以高枕无忧地收取巨额的收入。卡萨诺推出的这个产品后来大卖，连他自己都奇怪为什么生意如此兴旺。当时他们以为AIG只有少量负债，400亿美元现金和超过1万亿美元的资产，完全可以保证AIG大而不倒，没想到次贷危机带来的风险让AIG面临破产风险。

奥巴马在他的自传《应许之地》中提到，他是从参议院朋友乔治·海伍德（George Haywood）那里第一次了解到次贷风险。乔治告诉奥巴马，房地产市场上涨时，人人高兴，开发商快马加鞭地盖房子，老百姓可以买到梦想的房子；银行出售越来越复杂的金融产品牟取暴利，投资者用借来的资金加大对这些金融产品的赌注——人人赚得盆满钵满，包括从中获利的地毯商、广告商……但是乔治清醒地指出，一旦违约开始，这些房贷抵押资产根本就不值AAA级别，大家会迫切地抛售这些资产；银行为了满足监管资本要求，不愿意再借贷给客户，因此本来有资格获得贷款的家庭无法取得房贷，这将进一步摧毁房地产市场。这种恶性循环的市场将导致我们谁也不想碰见的金融危机。乔治做空了房地产市场，但是他没有足够的资金熬到最后，因此他最终亏损离场。

评级机构因为错误授予次贷资产证券化产品AAA评级而导致风险，所以奥巴马积极推进《多德-佛兰克法案》，该法案包括提高评级机构的透明度、加强对信用评级机构监管的内容。

美国第43届总统小布什在他的自传《决策点》中也谈到，在次贷危机中，投行把一些有风险的资产包装成复杂的金融产品。评级机构由于能从投行获得丰厚的收入，便给这些资产AAA评级，金融机构随后出售大量的信用违约掉期合同，打赌支撑这些产品的房贷不会违约。最终导致了前所未有的金融危机。

小布什也谈到对评级机构的失望。当小布什了解到贝氏（美国最大的投资银行之一）因为高达33倍的杠杆面临流动性风险时，他对于这突如其来的危机错愕至极。而且因为贝氏主要投资房贷抵押证券。所以当房地产崩溃时，投资者迅速抛弃了贝氏。小布什原以为监管和评级机构会提前警告风险。

小布什常常反思他的政府是否可以提前预见到金融危机迫在眉睫。在某种程度上，他们的确可以做到提前预测。他们看到了房地美和房利美的风险，而且一直要求众议院加强对这两家公司的监管，限制它们的投资规模。但是最终防范失败的一个重要原因是，大家轻信了评级机构对这些高风险资产作出的虚假的安全判断，没有及时采取行动。所以小布什也要求评级机构重新评估它们的分析复杂金融资产的模型。

2015年的电影《大空头》里面，有一个场景也非常有意思，专门针对信用评级。电影里的这个情节，主要是为了反映国际评级机构在金融危机之前没有起到应有的预警风险，反而因为发行人付费而授予了这些次贷资产AAA的评级，在这个情节的最后，评级机构高级分析师的反击也反映了投资者的利益冲突。如果你还没有看这部电影，建议找来看看，非常值得一看。

投资者："我们想知道为什么评级机构没有下调次贷债券的评级？因为次贷债券的房贷，断供明显恶化。"

格鲁吉亚（某一国际评级机构的分析师）："断供率确实让人担心，但这波动率是在我们的模型预测之内的。"

投资者："格鲁吉亚，你是否拒绝过给这里的任何一家公司的AAA评级？你能给一个去年里，经你查证后没能获得银行想得到的AAA评级的例子吗？"

格鲁吉亚："如果我不给他，他们就会去找隔壁的我们的竞争对手了。这不怪我们，规则就是这么定的。而且这不是我能决定的，我有上司。"

紧跟着，格鲁吉亚发难了："我疑惑的是你们来这的动机是什么？评级的调整对你们有好处，对吗？你们持有多少信用违约掉期交易？你们是没错，但看起来很虚伪。"

电影毕竟是虚构的，但基本上代表了当时市场上很多人对国际评级机构的看法，而且小布什和奥巴马这样的国家领袖在自传中（以及关于金融危机的著作里）都谈到了国际评级机构。评级是为了解决资本市场信息不对称，给投资者提供更多公开透明的发行人信息而兴起的。随着资本市场的深化和发展，信用评级的作用也越来越重要。评级作为公用品，提高了资本市场的效率；而且在一个信用文化良好的社会里，评级作为可衡量比较的指标，可以对企业起到约束、正面激励的效果，在市场上也真正起到优胜劣汰的作用。

我们先从大家喜闻乐见的债券市场，即国际评级的主战场，分析国际评级的作用。下面我们针对不同的对象，总结了信用评级的实用价值。

（一）对发行人的作用

降低融资成本：计划发行美元债券的公司取得信用评级后，可以对标资本市场上已经发行了的债券的利率水平定价。很多外资银行在贷款合同中也有针对评级的条款，例如评级往上提升一级可以节省20个基点（一个基点是万分之一），如果评级往下降一级借款人则需要多支付20个基点。在2011年中国企业走出国门发行点心债（在海外发行的人民币债券）的时候，中银国际专门对100多位投资者做了问卷调查，在国际评级对定价的影响上，投资者的意见是无评级的代价是50个基点。这50个基点代表了信息不对称而导致额外的信用分析工作和债券缺乏流动性的风险。穆迪在每年的业绩公布会上都会分享穆迪评级对于发行美元债券节省成本的益处，穆迪评级通常能够给发行人节约40个基点。

我们以某中国公司发行3年期限的3亿美元债券为例，有评级可以节省40个基点：

每年成本节约：3亿美元×40个基点=120万美元

3年共节约成本：120万美元×3=360万美元

在下一节发行人评级费用讨论中，我们以三大评级机构2021年的费用举例。如果发行人准备从惠誉、穆迪和标普全球评级取得国际评级后，再发行3亿美元的3年期限的债券，这3家国际评级机构3年总评级费用将分别是42万、56万和50万—61万美元，即使发行人根据国际惯例使用了双评级，3年评级总费用也只有约100万美元。和取得国际评级所节省的360万美元的融资成本比较，发行人还是节约了260万美元的成本。

扩大投资者基础：大部分机构投资者的投资指引里都包括了对评级的要求，包括对评级机构和所需级别的要求。发行人取得评级后会通过承销机构的安排或者自己的投资者关系部门，针对投资者举办路演或者安排一对一的会面，让更多的投资者了解公司和认购债券。认购债券的投资者多了，债券认购的倍数就有望提升，这有助于发行人降低融资成本，扩大投资者的基础，提升其在二级市场的流动性。取得国际信用评级对于机构投资者投资发行人的股票有正面帮助，因为信用评级有利于提升发行人的透明度，良好的信用评级更有利于打造发行人的市场形象。

以行业标准树立自身内部管理的标杆：通过和分析师等专家的交流，更深入分析自身公司，和行业的标准进行对标。评级的过程相当于一次全面的演习，需要列举出投资者可能提出的各种问题，并预先准备好详尽的回答。从初始评级到评级的跟踪，对公司而言是一次很好的战略梳理，让公司管理层和团队更好地了解自身存在的问题和发展的目标。因为评级报告中会明确评级上调和下调的财务指标，公司将财务指标分解给各个预算单位，有利于公司进行数字化管理，让全公司为了一个清晰的目标而努力。

制定融资战略和优化资本结构：发行人能够根据信用评级和债券市场的定价，制定有效的融资战略，同时，可以利用发行资本工具等融资产品，优化公司的资本结构，以满足监管要求，降低总体的融资成本。

（二）对投资者的作用

有助于全面的投资评估和决策：在评级流程中，评级分析师通过管理层会议、现场尽职调查等，会对企业有全面的了解。评级需要做财务预测，因此也掌握了具有前瞻性的保密信息。具有前瞻性的、全面的、高质量的报告有助于投资者做出更理智的投资评估和投资决策。

国际可比的信用观点：大型的国际评级机构是国际运营的，跨区域的评级能够给投资者更优的比较和分析。一些小型的、新进入资本市场的投资者，因为内部信用研究部门不强，更加依赖外部评级做出投资决策。

中立的观点：虽然承销机构也提供信用研究服务，但是可能存在利益冲突。评级机构透明的方法论和中立的定位，能尽量避免利益冲突。而且，公开的评级给市场提供了足够的透明度，提高了市场效率，增加了市场流动性。

（三）对承销商的作用

可以吸引更多的投资者：承销机构利用评级，能够有针对性地向更多投资者推广债券。另外，承销商利用评级设计资产证券化产品，可以降低产品风险，吸引更多的投资者。

满足内部风险管理的要求：承销机构自己的风险管理部门经常对客户有评级的要求，而且公开评级时的跟踪服务，能够给承销机构提供及时的信息。

高质量的评级顾问服务是核心竞争力：承销机构通常提供评级顾问的专业服务，帮助发行人更好地了解国际评级的重要性，并帮助发行人准备评级资料，组织评级流程工作。这项专业服务大大增强了承销机构的核心竞争力。而且，发行人也会聘请首次评级的顾问常年担任他们的评级顾问，以有效地管理跟踪评级服务。

随着金融市场的扩大和多样化，以及信用评级的推广，信用评级在更广大的领域发挥了重要作用。我在2009年进入标普全球评级时，当时的20多个中国客户基本都是金融机构和保险机构，还有国际运营的能源公司，它们取得评级主要是为了满足交易对手风险管理的要求，以及用评级信息做市场宣传。

（一）交易对手风险管理

银行的额度和定价：从风险管理角度出发，国际银行对于不同评级的对手银行规定相应的额度和定价。如果一家银行的国际评级越高，意味着信用越好，那么国际银行和这家银行做业务的规模越大，利率也越低，反之亦然。我曾经在公开渠道看到过某一大企业的银团贷款定价条款：这家企业的国际评级是BBB，银团贷款合同同意如果这家企业国际评级提升了一级到BBB+，那么贷款利息可以下降20个基点（千分之二），如果这家企业级别下降了一级到BBB-，那么贷款利息则会上涨20个基点。如果一家银行没有国际评级，那么在与国际银行和全球公司做业务时难度很大。例如，一家没有国际评级的中国银行开国际保函，则需要找具有国际评级的银行转发国际保函，增加了成本。而且很多全球公司从风险管理出发，只允许与取得国际评级投资级别以上的银行建立银企合作关系。

保险公司的再保业务： 在前文我们也提到，贝氏是保险行业评级的龙头，在国际再保业务中，很多保险公司在从事再保业务的时候，要求对方有贝氏或者标普全球评级的评级。否则他们无法和没有这两家评级的保险公司做业务。

供应商管理： 国际上很多大公司会规定自己的供应商需要取得投资级的评级，这对于保证服务的质量和稳定性有很大保障。

对于我们个人投资者而言，对手风险管理更为重要。正如我前面提到的我哥买房的案例，房产投资是人生的重大投资之一，房产开发商的风险尤其需要警惕。我们在中国比较庆幸的是，监管一向比较保护个人投资者，对于烂尾楼盘，监管部门可能会委托其他实力雄厚的开发商接管完成楼盘建设，最后交房给业主，至少可以保证投资者不会血本无归。

我想举的另外一个例子是银行存款。几年前，因为我女儿在波士顿读中学，我们在美国银行（标普全球评级的评级是A-，和交通银行的评级一样）有比较多的存款。我去银行柜台的时候，银行经理就非常专业地提醒我存款风险，按照美国存款保险制度，如果美国银行违约了，保险给个人的赔偿封顶为10万美元。我问他怎么规避这个风险，银行经理建议我把10万美元以上的现金汇到我在其他银行的账户（居然有如此大公无私的职员！），或者把我10万美元以上的资金转移到我母亲在美国银行的账号（当时我母亲刚好和我在一起）。在美国，银行的倒闭不是什么新鲜事。连美国大银行之一的美国银行员工也有如此高的风险意识，他们也教育个人客户提高这方面的风险意识。

（二）商业活动

投标管理：某些业主在美国有规模较大的基建工程，如果投标方有A-以上的国际信用评级则可以直接参与投标，如果没有则需要缴纳投标金额20%的保证金。基建项目的规模通常10亿美元起步，如果没有良好的信用评级，那么这家投标公司的财务成本会大大增加。有些业主则直接白纸黑字规定了投标方的评级，说明在成熟的商业社会里，良好的信用评级是一家公司金光闪闪的名片。

基于以上这些重要作用，即使市场上仍存在对国际信用评级的质疑，在国际商业社会尚未出现可替代信用评级的其他标准前，国际信用评级机构一直发挥着金融市场基础设施的重要作用，在国际跨境业务、资金的流动、风险匹配的定价等方面起到关键作用。对于监管机构而言，高质量的评级是保证资本市场高效发展的核心之一。

第三节　评级机构的独立性和透明度：零容忍的原则

现在大部分评级机构的业务模式是发行人付费。评级机构和发行人签署合同，发行人付费，但是投资者才是评级使用方。我们从上文评级的用途可以清楚看到，高的评级可以给发行人带来很多好处，例如降低成本、促进市场宣传、赢得更多业务等。因此，发行人有意愿促使评级机构提供更高的评级，这就产生了所谓的评级选购和评级虚高的问题，2008年的次贷危机和我们国内评级虚高的现象正是由此而来。为什么说中国评级虚高呢？因为中国93%以上的发行人的评级都是AA-以上（中国评级体系和国际评级体系不一样），在国内AAA评级的公司直接违约也不是偶然现象。例如在2021年，国内评级AAA的华晨汽车和河南永煤集团的直接违约，在国内资本市场激起轩然大波，直接刺激了中国信用评级行业加速改革。为了保证信用评级的高质量，监管机构对评级机构实行严格的监管，同时，加强评级机构的独立性和透明度。为了避免利益冲突，评级机构建立了严格的内控机制和流程：

（一）评级机构的文化是独立、透明和客观

（二）信用评级方法论是非常透明和严谨的

没有所谓的黑幕。评级机构将所有评级方法公布在网站上，大家可以免费参考，而且会每年公布违约和评级迁移研究，透析评级跨周期的表现。

（三）建立了避免利益冲突的管理制度和严格的防火墙制度

避免业务部门为了取得业务影响分析师。评级机构关于防火墙的政策和人民银行等五部委联名发文的精神是一致的：

> 信用评级机构应当强化防火墙机制，完善并严格落实隔离、回避、分析师轮换、离职人员追溯等制度，有效识别、防范和消除利益冲突，确保评级作业部门与市场部门之间、评级业务与非评级业务之间的隔离。评级作业人员的考核、晋升以及薪酬不得与其参与评级项目的发行、收费等因素关联。

我一直在评级机构的业务部门工作，我们和评级作业部门（就是分析师部门）之间的防火墙非常严格，不单办公室是物理隔离的，连所有系统、开会等都有严格的隔离。每次业务部有新人到岗，第一项重要工作就是参加严格而系统的合规培训，为了强调防火墙的严肃性，我会非常严肃地告知新团队成员："我们

对任何影响独立性的违规行为是零容忍。在评级机构，完不成业务指标不会被马上炒鱿鱼，但如果因为有利益冲突的合规问题，当天就得离开公司，没有任何余地可商量的。"

当然，我们和分析师会举行关于市场发展趋势和客户反馈等必要的交流，但合规部门的同事也必须一同参与。在标普全球评级，负责中国评级的分析师基本都在香港，在职期间，我因为要拜访在香港的评级顾问和客户，平均每个月都会去香港出差。如果外部会议安排没有那么密集，我一定会抽时间回香港办公室，找合规部门同事陪我去见一下分析师。大家可以脑补一下这种场景：我和分析师在交流一些市场趋势时，合规部同事就默默在一边听着。有时候我们聊的时间稍微长了一点，合规部同事有事也不会催促我们，但会频频看看手表，我们也就知趣地结束了谈话。

（四）严谨的评级流程保证评级的独立性和透明度

我在标普全球评级工作时候经常被问到的另一个问题是评级流程。如果发行人取得评级的目的是发债，最好早一点启动评级流程，因为取得国际信用评级的时间周期在管理层会议后为4—6周。如果发行人取得评级后没有马上启动发债，可以将评级保密等到发债时再公布，这样发行人具有最大的灵活性，不会误了任何发行窗口。

熟悉中国信用评级的人士了解国内评级时间规定的是45天，国际评级对于评级流程时间则没有要求。我们的经验是，由于分析师对于评级信息要求非常全面，分析工作又很严谨，通常需要比较长的时间得出评级结果。在中资美元债市场非常火热的时候，我们经常遇到的挑战是，分析团队可能无法保证在管理层会议后4—6周提供评级结果。

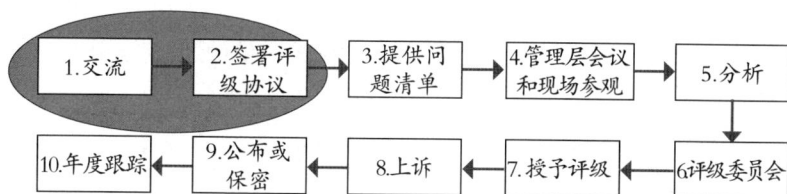

图1-3：国际评级机构评级流程图

　　备注：商务团队只参与灰色框中的第一个和第二个环节。评级协议签署后的评级分析工作全部是分析师团队完成的。商务团队和分析师团队之间有严格的防火墙。

　　1. 交流：这包括了和评级机构商务团队和分析师团队的交流。因为评级机构有防火墙，这些交流都是分开进行的。很多发行人（如果发行人取得评级是为了发债，通常承销机构的评级顾问会参与发行人的所有沟通和会议。为了简便起见，我们还是统称发行人）会利用这段时间了解每家评级机构的方法论，了解公开的同行评级、各家评级机构对于行业的信用观点。在金融行业没这么内卷以前，承销机构会在拿到发行人许可后才和评级机构交流。现在行业高度竞争，在发行人选定承销商以前，评级机构经常要和多家不同的承销商就同一发行人的情况进行交流。因此，这个环节中，评级机构重复性的工作量比较大。

2. **签订协议，决定评级方式**：发行人向评级机构提出评级申请，需要和评级机构签署评级合同，约定评级主体、联系方式、评级的内容、费用、评级的性质（例如保密、非公开、公开）等。这些是和评级机构的商务团队交流的。发行人会在这个时候约定评级是公开、非公开还是保密。基本上所有的公开评级都是从保密开始的，但保密评级是否能够转为公开，就看具体情况了。发行人最后决定公开评级，目的多种多样，主要是为了发债，还有的是为了满足交易对手风险管理的要求，或者为了市场宣传、监管需要等。当然，还有很多保密评级可能永远不见天日，原因基本只有一个，评级太低。非公开评级则是介于保密评级和公开评级之间，只公布给发行人选定的投资者参考。这在中国用得很少。这里也展开和大家分享一下，很多研究评级的专家认为，发行人通过委托3家评级机构取得保密评级，然后择优公布，产生了评级选购（Rating Shopping）现象。评级机构出于评级选购的考虑，可能有意愿改变方法论或者流程，以便取得对发行人有利的评级被选上，这称为评级虚高（Rating Catering）。这些都是推动评级虚高的原因。因此有人建议说要改革这部分评级流程，凡是委托了评级机构进行评级的发行人，无论评级结果如何，都必须将其公开。我个人认为该建议只是治标不治本，因为中国评级市场流行"预评级"，被评级企业在还没有决定委托哪一家评级机构以前，就会择优委托。要根本解决评级虚高的问题，还是要从评级机构的声誉管理、评级质量监管等做起。

3. 分析师初步调研并准备问题清单：分析师会根据发行人的年报、网站、研究报告等公开资料准备问题清单。发行人如果是国企的话，问题清单除了有关该国企，还需要对持有这所国企的政府的评级作评估。央企当然比较简单，因为中国主权已经有评级了，评级机构只要判定这家企业和政府的关系就行了。如果是地方国企，而地方又没有评级，那么这所地方国企需要协调地方政府提供财务、预算等资料并安排管理层会议，以协助评级机构进行地方政府的评级评估工作。如果发行人是民企而且没有集团公司，那么问题清单只包括该民企的信息；如果这家民企有集团公司，则也要像国企一样，协助评级机构取得集团公司的财务和业务信息，并安排集团管理层会议，协助评级机构进行集团公司的评级工作。评级机构会判断子公司和集团的关系以决定评级提升或者下调。对于部分民企而言，如果存在"子强母弱"的现象，那么子公司的评级也会被母公司影响的。

4. 管理层会议和现场参观：分析师在做了初步分析后，会和管理层进行面对面的交流，了解公司的战略、经营优势、发展规划等，还会现场参观发行人的业务运行情况。如果有评级顾问参与这个新评级工作，顾问会协助准备资料，并安排管理层会议演习，以保证沟通的顺畅进行。关于管理层会议，发行人经常问的一个问题是：因为领导时间比较难安排，好几家国际评级机构的管理层会议可以一起举行吗？我们的答案是不可以。因为评级机构有独立性的要求，不同评级机构的分析师不可以一起参加管理层会议。

5. **分析和评级委员会上会前沟通**：分析师这段时间根据收集的资料和数据库信息，进行案头分析工作和完善财务模型。发行人会持续和分析师沟通，提供资料和回答问题。评级机构会在正式评级委员会前和发行人沟通，提供初步反馈和主要的信用观点。

6. **评级委员会**：主办分析师完成分析工作和准备了评级建议后，会组织评级委员会讨论投票，采取少数服从多数的方式投票决定评级。

7. **授予评级**：评级委员会决定了评级后，分析师会通过电话会议方式将评级结果告知发行人。

8. **上诉**：如果发行人觉得还有新的信息没有被考虑到评级分析流程和结果中，会提出上诉。如果评级机构认为的确有新的信息和进展，会接受上诉，重新走一遍流程，然后再将评级结果告知发行人。这里需要说明的是，如果评级机构认为发行人提供的新信息已经考虑在评级分析流程中了，它们可能会不接受上诉。即使信息是新的，评级机构接受了上诉，也不保证评级结果会有变化。

9. **公开评级**：发行人根据公司的发债计划或者其他安排，例如公司上市、周年庆典等，提前通知评级机构公开评级的时间。评级机构以新闻稿的方式公开评级，如果是有影响力的评级，评级机构还会召开线上会议，邀请投资者参与，并回答投资者的问题。

10. **年度跟踪，一直到撤销评级**：评级机构会一直提供评级跟踪服务。从技术上说，评级在没有改变以前是一直有效的，但评级机构会持续跟踪众多影响发行人信用状况的因素。宏观的因素包括：经济环境（例如新冠疫情对消费者、航空和旅游业的重大影响），信用环境，监管政策（例如三道红线政策对房地产公司的影响），突发的政治、经济事件等。微观的因素包括：发行人自身的业务发展计划，集团公司和政府信用评级改变的情况等（例如在第五章中，有评级顾问提到穆迪分析师团队需要每个季度收集发行人的最新信息，如果分析师对最新的信息有疑问，他们会马上和发行人联系以取得更详细的情况，然后再决定是否做评级调整）。我们经常被问到的一个问题是，国际评级机构多久调整一次发行人评级。一般来说，投资级别的评级是相对稳定的，非投资级的评级波动比较大，但如前面介绍的特斯拉公司一年4次评级调整的案例应该是绝无仅有的。在经济环境相对稳定的大环境下，针对全球企业发行人，每年评级调整的比例在20%~30%，如果外界环境波动较大，例如2008年次贷危机和2020年新冠肺炎疫情，那么评级调整比例会超过30%。

我们在前面详细讨论了国际评级的重要性，因此发行人通常会一直保持评级。也有发行人在债券到期，或者被收购（例如IHS MAKIT的BBB−的评级在IHS MAKIT被标普全球合并后就撤销了），或者信用疲弱，或者面临违约情况下撤销评级。另外一种情况是，发行人信用状况恶化后不愿意提供信息，评级机构无法取得充分信息完成评级跟踪工作，也会主动撤销评级。例如，从2021年至今，中资美元债市场上有不少信用疲弱的房地产公司债券违约或展期，并有超过30家房地产公司撤销评级。

第二章

国际信用评级机构如何建立话语权

通常，我们谈到国际信用评级机构，指的是在美国证监会的NRSRO（全国认可统计评级机构）注册的评级机构。除了大家非常熟悉的标普全球评级、穆迪和惠誉三大评级机构，在NRSRO注册的国际信用评级机构还有6家。在大中华区，除了这三大评级机构，可能只有保险从业人员比较熟悉的专注于保险公司评级的贝氏（AM BEST）。

国际评级机构是随着金融市场一同发展起来的，目的是打破发行人和投资者之间信息不对称的窘境。在美国20世纪30年代的经济大萧条中，大量公司破产，无法对发行的债券还本付息，投资者发现具有较高信用评级的公司和债券违约概率较小。为了保护投资者利益，美国监管机构开始规定将信用评级作为投资准则。在20世纪70年代美国宾夕法尼亚州中央运输公司的违约事件中，投资者发现具有外部评级的发行人具有更高的信息透明度，评级机构提供的信息可以协助投资者做出更全面的投资分析和决定。随着共同基金的规模越来越大，它们对覆盖面广、能够持续跟踪的评级的需求越来越大，因此增加了对外部信用评级的需求；而发行人也意识到，外部评级能够吸引更多的投资者，以更低的成本筹集到资金，因此也愿意和评级机构合作，支付评级费用，在资本市场发布公开的评级和报告，给资本市场和投资者提供更高透明度。从另一个角度看，由于有评级的债券的收益相对无评级的要低，所以投资者最终还是分摊了发行人支付的评级费用。

监管部门也同样意识到了信用评级公司的重要性，因此美国证监会在1975年成立了NRSRO，以加强对评级机构的监管。NRSRO通过向认定的评级机构发送无异议函（No Action Letters），确认该评级机构发布的评级结果被美国投资者认可，同时还指定在某些监管指标中只认可具备NRSRO资质的评级机构所授予的评级，例如美国证监会15c3-1允许经纪人凭借证监会指定的NRSRO提供的信用评级来计算净资产。由于监管机构赋予了评级机构准监管权，这些评级机构得以确立在美国资本市场上的地位和作用。但是，因为当时市场上只有标普全球评级、穆迪和惠誉这3家评级机构，它们在信用评级市场又变相地形成了垄断局面。后来美国监管机构也意识到了这个问题，特别是在次贷危机以后，意图打破垄断，鼓励更多新成立的评级机构或者国外评级机构在NRSRO注册并开展业务。但是由于三大评级机构已经积累了大量的评级数据，建立了声誉机制；除了在小众的资产证券化市场，新进入市场的评级机构很难改变三大信用评级机构的垄断地位。

伴随着全球经济一体化，国际资本市场快速发展。为了吸引更多国际投资者，全球各国的发行人（无论是政府、金融机构、企业还是保险公司，无论是以144A、Reg S规则发行还是以证监会注册的方式发行）都开始向美国学习（美国的机构投资者把三大评级机构的评级作为投资指引），希望取得三大评级机构的评级，因此三大评级机构的业务在全球也得到了快速发展。另外，在巴塞尔银行监管委员会规则下，资本协议下信用风险标准法完全依赖外部信用评级，这在国际金融市场上赋予了评级机构准监管的权利。就这样，国际三大评级机构逐渐在国际金融市场建立了话语权。

2008年次贷危机后，国际信用评级机构处于声誉谷底。各国监管机构、投资者和其他市场参与者纷纷批判国际信用评级机构在金融危机前未能揭示信用风险；评级机构还对一些房地产抵押贷款资产证券化产品授予AAA虚高评级，对金融危机的恶化产生了推波助澜的影响。美国证监会、司法部、加州等州、投资者等对国际评级机构提出多项诉讼，评级机构支付了高达十多亿美元的赔偿取得和解。媒体上对国际信用评级机构的批评铺天盖地，说评级机构就是为了赚取发行人的高额评级费而兜售信用评级，导致出现AAA债券直接下调到垃圾债甚至违约的情况。很多讨论金融危机的书，都会提及国际信用评级机构因为发行人付费的业务模式导致的利益冲突；它们损害了投资者利益，导致了金融危机。美国和欧盟的监管机构因此积极讨论以投资者付费的评级，或者平台指定评级的新兴方式取代具有原罪的发行人付费的业务模式。

监管机构在努力降低对外部评级的依赖，加强推动内部评级。例如，巴塞尔银行监管委员会甚至为此大幅修订资本协议下信用风险标准法的要求，从原先依赖外部信用评级改为可选择是否使用外部信用评级（或采用符合监管要求的内部评级）。而投

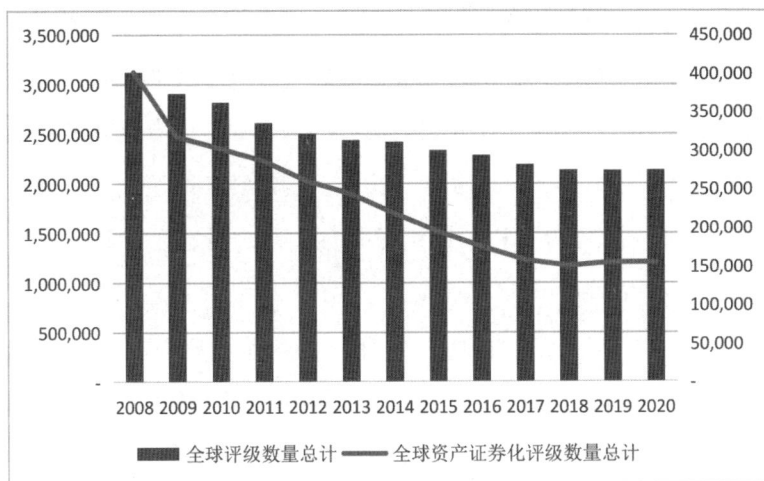

图2-1：2008—2020年国际信用评级和资产证券化评级总数变化（单位：个）

资料来源：根据NRSRO从2009年到2022年的报告整理分析

资者对评级心存疑虑。在这种大环境下，我们的确看到市场对于评级的需求降低了。根据NRSRO的最新报告，国际信用评级总数在2008年金融危机时的峰值是300多万个，过去10年中，评级总数持续下降，到2020年降至200多万个，和10年前的高峰期比较差不多减少了100万个，减少幅度为30%。特别是很多国家的监管机构和投资者把导致2008年金融危机的罪魁祸首，也就是资产证券化产品，当作洪水猛兽般的高风险产品，不允许发行人再发行该类产品，也不允许投资者再投资该类产品，对这个领域的发展冲击非常大。投资者则对于这类资产在金融危机的恶劣表现记忆犹新，对这类资产的评级失去信心，加上这类资产结构比较复杂，因此不再愿意投资此类资产。没有投资者的强烈需求，发行人当然也没有强烈意愿发行资产证券化产品。资产证券化评级数量一下子从金融危机前的顶峰401960个下降到了2020年的156297个，减少幅度为61%。比较值得关注的是，资产证券化评级数量在2008年后的几年内呈现断崖式下跌，在2018年跌至最少的15万个总评级，在2019年和2020年却略有上升，稳定在15万个评级左右。

过去160年以来，国际三大评级机构从小规模的出版公司发展成具有全球垄断地位的三大巨头，其过程不完全是一帆风顺的，几经波折，经历了20世纪70年代的美国国内铁路债券违约、1997年的亚洲金融危机、安然公司违约等。次贷危机后，市场因为对国际评级机构的失望，也在积极探讨以其他方式（例如创办投资者付费的评级机构、监管部门指定评级机构等）彻底改革国际信用评级市场，但是因为各种可能的负面作用和不成熟条件，这些取代传统的国际评级机构的新模式都没有发展起来。与此同时，国际信用评级机构吸取了在金融危机中的教训，全面强调评级的独立性和避免利益冲突的管理，以保证评级的质量和预测风险的能力，重拾市场的信心。金融危机后，美国政府一直在给市场输送流动性，特别是2020年新冠肺炎疫情开始后，美国和其他的一些西方国家利率持续走低，债券市场迎来了前所未有的发展高峰，资本市场持续发展壮大，市场上增加了很多新的、规模小的投资者。对他们而言，公开评级是性价比最高的信用风险评估工具。现在市场上的确新涌现出来很多新型的信用评估工具，但因为信用评级历史悠久，评级相对可靠，跨地区和跨行业可比，积累了信誉资本，所以投资者还是会首选具有多年历史的信用评级。

第一节　寡头垄断：国际评级机构的现状

金融危机后，各国监管机构非常认真地探讨过改变三大评级机构垄断的局面，广泛地征求大家的建议和看法。比如，美国监管机构对7种替代方案（我们将在下一节给大家详细介绍这些替代方案）进行了深入研究和广泛的意见征集，但最后都因为各种原因（考虑到效率、利益冲突、可执行性、道德风险、费用等）没有推行这些新的业务模式，最后还是发行人付费的业务模式一直保持主流。根据欧盟2016年的研究，评级机构在金融危机中评级虚高问题主要集中在资产证券化评级上，其他资产（金融、企业、保险和主权）的评级，评级质量一直是可靠的。金融危机后，各评级机构采取更加严格和透明的评级方法，实施严格的避免利益冲突管理，保证了信用评级的独立性，重新获得了投资者的信任。三大评级机构的声誉随之慢慢恢复，继续保持着垄断地位。下面这些方面说明了为什么各国发行人都需要三大评级进入国际资本市场：

- 国际评级市场是市场驱动发展起来的，信用评级的使用不是主要为了满足监管的需要，而是为了满足投资者的需求。无论是大型的机构投资者还是新进入市场的小型的机构投资者，通常都使用三大评级机构的投资指引，新的评级机构很难说服这些投资者用新评级替代原来的评级。例如2020年11月5日，彭博宣布推出彭博巴克莱中国高流动性信用债（Liquid China Credit，LCC）指数，追踪中国银行间信用债市场中以人民币计价的具有较高流动性、可交易的债券。信用债入选的条件之一是，国际三大评级机构中至少有一家给予发行人的评级达到投资级。三大评级机构运营上百年，有多年的数据的积累；经过经济周期考验的方法论和评级，积累了良好的声誉资本，这些都是新的评级机构难于竞争的。而随着资本市场的迅猛发展，市场出现很多新型的、小型的投资者，他们没有能力建立内部信用评估体系，只能依赖外部评级作为投资决策的一部分。

- 从发行人角度看，他们和原来的评级机构已经建立了长期的评级关系，发行的债券也已经使用了三大评级机构，他们没有强烈的意愿使用新的评级机构。

- 评级机构需要数据的长期积累，评级的稳定性、违约率和评级的关系需要经过经济周期的考验。全球经济国际化浪潮下，这些年债券市场从欧美发达市场扩大到了发展中市场，只有大型的评级机构能够满足债券市场更多元的需求，并且在全球各国设有分支机构，提供本地化的服务。另外，大型评级机构通过收购兼并，强化了人工智能和新领域的业务能力，例如标普全球评级对KENSHO的收购、与IHS MAKIT的合并，使其能够给投资者提供更全面、质量更高的信用评级服务。

美国在不同的阶段产生了不同行业的寡头垄断。在互联网时代，以FANG（脸书、亚马逊、奈飞、谷歌）为龙头的互联网行业也和评级行业异曲同工，以规模效益、强大的品牌效应等在各自领域建立了无可匹敌的垄断地位。

NRSRO作为美国证监会下属国际信用评级机构的监管机构，每年都发布年度报告，从监管、市场、各个评级机构发展、NRSRO所发现的问题等不同方面对信用评级行业进行详尽深入的研究分析。根据NRSRO于2022年1月22日公布的最新报告，在2020年，三大评级机构的评级一共有2024234个，占国际信用评级总数2136988个的94.7%。

这些国际信用评级机构可以根据自己的发展战略和能力，为如下所有5个行业或者其中一个行业提供国际评级服务：

- 金融行业，包括金融机构、证券公司和经纪公司

- 保险公司

- 企业

- 资产证券化

- 政府评级，包括国家主权和地方政府

从下表中可以清楚看到，大的评级机构例如标普全球评级、穆迪和惠誉的信用评级业务范围涵盖了所有行业，但是其他规模小一些的国际信用评级机构则选择各有所专的策略，例如贝氏只注册了保险、企业和资产证券化领域的评级，而注册历史最短的墨西哥HR评级机构也只是注册了金融机构、企业和政府债券评级服务。

表2-1：在NRSRO注册的国际信用评级机构

评级机构	信用评级服务种类					业务模式	注册时间	总部所在地
	金融机构	保险	企业	资产证券化	国家主权和地方政府			
贝氏	X	X	X	X		发行人付费	2007年9月24日	美国
DBRS	X	X	X	X	X	发行人付费	2007年9月24日	美国
Egan-Jones	X	X	X			投资者付费	2007年12月21日	美国
惠誉	X	X	X	X	X	发行人付费	2007年9月24日	美国
HR Rating	X		X		X	发行人付费	2012年11月5日	墨西哥
日本评级	X	X	X		X	发行人付费	2007年9月29日	日本
KROLL	X	X	X	X	X	发行人付费	2008年2月11日	美国
穆迪	X	X	X	X	X	发行人付费	2007年9月24日	美国
标普	X	X	X	X	X	发行人付费	2007年9月24日	美国

资料来源：根据NRSRO2021年12月报告和2022年1月22日报告整理

备注：2019年7月2日，晨星信用评级有限责任公司的母公司晨星公司完成了对DBRS的收购。2019年11月15日，晨星信用评级有限责任公司向委员会提交了一份退出注册的通知（该通知于2019年12月30日生效），DBRS提交了一份更新文件给NRSRO，将晨星信用评级有限责任公司添加为信用评级附属公司。2020年11月23日，DBRS提交了一份更新文件给NRSRO，删除了作为信用评级附属机构的晨星信用评级有限责任公司。

表2-2：NRSRO国际信用评级机构的发展情况

（截至2020年12月31日）

评级机构	金融机构	保险公司	企业	资产证券化	政府债券	总计	和2019年比较
贝氏	N/R	7251	985	5	N/R	8241	0.82%
DBRS	11214	192	4327	23482	22556	61771	6.76%
Egan-Jones	10119	975	9339	N/R	N/R	20433	12.81%
惠誉	33440	3198	20318	34108	177665	268729	−3.42%
HR Rating	796	N/R	396	N/R	469	1661	19.41%
日本评级	950	86	2971	N/R	348	4355	4.61%
KROLL	1326	132	224	14470	141	16293	13.52%
穆迪	34540	2557	32738	47411	560892	678138	−0.52%
标普	50798	6846	55758	36821	927144	1077367	0.79%
总计	143183	21237	127056	156297	1689215	2136988	0.20%

资料来源：2022年1月22日NRSRO报告

备注：N/R表示没有注册。

　　具有NRSRO资质的9家评级机构中，贝氏（AM BEST）值得大家关注。这家评级机构专注于保险业的评级，在该行业的评级数量独占鳌头，2020年贝氏一共有7000多个保险评级，完胜标普全球评级和穆迪。特别在再保险行业，只有贝氏和标普全球评级的评级能够被国际保险公司接受。

这9家国际信用评级机构中只有Egan-Jones是投资者付费的，其他都是发行人付费。我会在下一章节讨论两种业务模式的利益冲突的问题，还有为什么发行人付费虽然一直遭到市场诟病，但始终是信用评级行业主流的业务模式。

HR Rating（HR）是2012年才取得NRSRO资格的。有了NRSRO资质并不意味着有业务。经过近10年的耕耘，到2020年，HR的评级也只有1661个，市场份额只有1%。NRSRO对于资质的要求虽然非常严格，但非常清晰，任何国家的评级机构符合它的要求都可以成功注册。有一点需要大家注意的是，尽管国际机构投资者要求有NRSRO资质的评级，但是考虑到不同评级机构的影响力和覆盖面，绝大多数投资者会指定只投资取得某些国际评级机构——基本上是最具有影响力的三大评级机构——评级的债券。因此，即使某一评级机构获得了NRSRO的资质，没有覆盖面和影响力，被发行人聘用的可能性也很小。这和我们一再申明的、我们认为比较成熟的业务模式是发行人付费、为投资者服务的理念是一脉相承的。不过，如何才能打破评级行业垄断，这个问题一直困扰着评级行业。值得关注的是，日本国内评级机构R&I曾经也是NRSRO成员，但是维持了NRSRO资质几年后，公司觉得弊大于利，主动放弃了。所以，大家对NRSRO的资质不需要过度解读。

现在NRSRO在每年的报告中都会提到国际信用评级市场的进入壁垒，也把除了三大评级机构的其他中小评级机构的市场份额提升当作专门议题分析。但是，中小评级机构对三大评级机构的影响不是很明显，只在美国市场和像资产证券化这类特有的小众领域的影响相对明显，我们在下面也会有专门的分析。而在美国以外的国际市场，基本上还是三大评级机构的天下，因为它们的分支机构遍布。例如在中国保险行业，取得了在国际保险行业最具有影响力的贝氏评级的只有寥寥几个（例如中再保险），而且基本是为了满足再保险业务的需求才取得的，其他保险公司的评级基本仍是三大评级机构的天下。

我们将时间轴拉回到国际评级机构发生最重大声誉危机的2008年，以此后的12年为坐标分析下国际信用评级行业的变化：

第一，虽然过去12年国际评级总数减少了差不多100万个，但是企业评级领域的发行人总数和债项评级不降反升，增加了4万个，和2008年比较增加幅度为50%。其根本原因是企业直接融资在金融危机后的迅猛发展。金融危机后，由于全球各国实行量化宽松政策，发债利率水平持续在低位，资本市场的发展促使企业更偏好直接融资而不是银行贷款。金融机构评级的数量降低主要原因是金融机构去杠杆（杠杆都加在企业上了）。资产证券化评级量的降低在前文已经分析过了，因为投资者对金融危机中虚高评级导致的重大损失记忆犹新，不愿意再投资资产证券化产品。

表2-3：2008年和2020年国际信用评级和各领域评级总数比较

年份＼领域	金融机构	保险公司	企业	资产证券化	政府债券	总计
2020	143183	21237	127056	156297	1689215	2136988
2008	252082	24002	86520	401960	2359184	3123748
变化	-108899	-2765	40536	-245663	-669969	-986760

资料来源：根据NRSRO2008年到2022年报告整理

　　第二，监管部门为了降低对三大评级机构的依赖，一直积极支持中小评级机构（非三大评级机构）的发展，的确取得了一些进展。中小评级机构的发展比较快，在非企业评级的4个领域——金融机构、保险公司（主要归功于贝氏评级，2020年中小评级机构在这个领域的市场份额为41%）、资产证券化评级和政府债券——的市场份额都有所提升（特别是在资产证券化产品评级领域），整体的评级份额在2020年达到24%，而它们在2008年只有4%的市场份额。在很多创新的资产证券化评级领域，中小评级机构的发展非常迅速。这说明市场竞争格局在缓慢地演变。在传统的金融机构、企业、保险和政府债券领域中，由于这些行业的发行人基本上已经有了主体评级，而且国际信用评级不像中国信用评级，是没有期限的（这些发行人很多都使用原有的评级发行了长期债券，有些期限长达30年，资本工具甚至没有期限）；因此，考虑到对投资者的影响和透明度问题，这些发行人基本是没有强烈的意愿更换评级机构的。但是，这些障碍对于产品评级是不存在的，于是，像DBRS和KROLL这样的中小型国际信用评级机构凭借其在小众市场（如资产证券化市场）的优势，在这些市场建立了影响力，甚至在某些传统和新兴的资产证券化市场成为市场份额最大的评级机构。例如，DBRS在2021年上半年在学生贷款资产证券化领域的市场份额是95.1%，在汽车租赁市场的份额为55.7%。KROLL更在飞机租赁资产证券化市场深耕细作，从2015年12月到2021年第二季度末，它在这个领域的市场份额为97%。

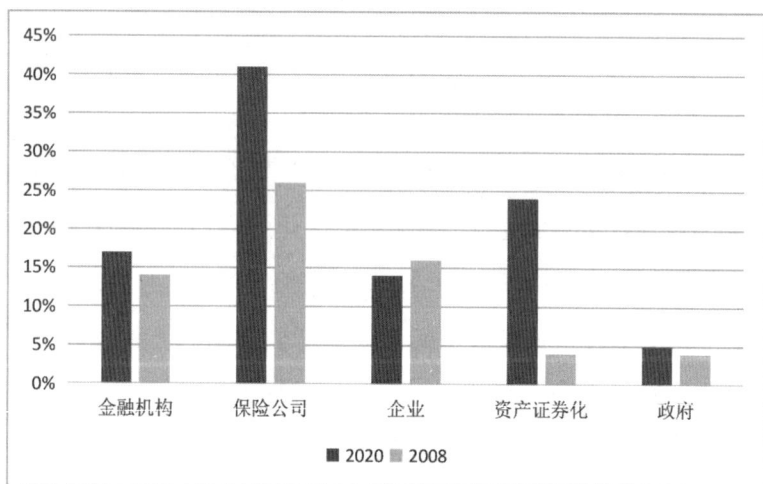

图2-2：2008年和2020年中小评级机构在5个领域的市场份额

资料来源：根据NRSRO2008年到2022年报告整理

第三，虽然三大评级机构一直占据了国际评级市场的垄断地位，但每家机构在过去10年的发展趋势是不同的。三大评级机构整体的市场占有率从2009年的97.28%持续下降，到2020年时的市场占有率为94.7%，一共下降了2.58%。在三大评级机构中，只有标普全球评级的市场占有率是持续上升的，从2008年的40.19%持续上升，到2019年时突破50%，2020年为50.4%，独占国际评级市场一半以上的市场份额。相比之下，穆迪和惠誉的市场份额持续下滑，分别从2008年的35.6％和21.49%下滑到了2020年的31.7%和12.6%。

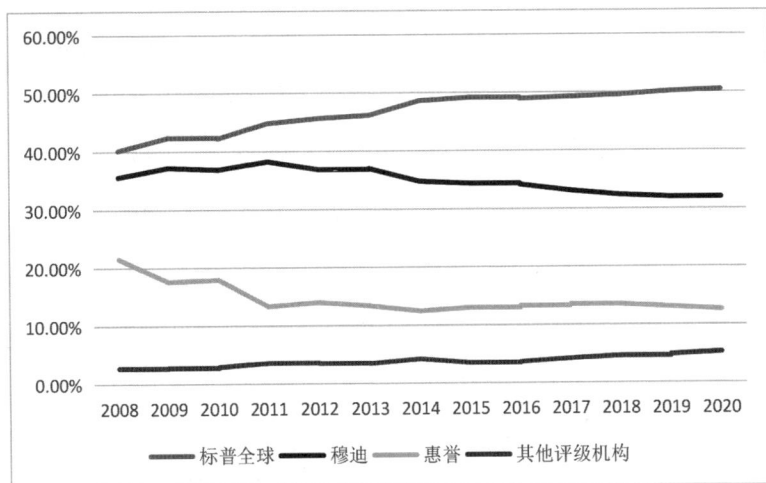

图2-3：2008年到2020年三大评级机构市场份额变化

资料来源：根据NRSRO2008年到2022年报告整理

第四，在NRSRO注册的中小评级机构在过去10年因为收购兼并等原因，数量不断变化，因此2020年9家NRSRO评级机构的市场份额和2008年难于直接比较，在这里我们就只比较2020年和2019年各国际信用评级机构的市场份额。我们刚才已经比较了三大评级机构，而其他的评级机构中，DBRS市场份额变化最大是因为它合并了晨星，KROLL市场份额的提升是因为它在资产证券化领域的快速发展。贝氏因为注重保险评级细分市场，在2019年和2020年的评级总数分别达到了7171个和7251个；企业评级和资产证券化评级则刚刚起步，这两年加起来只有约1000个，因此贝氏在2019年和2022年的总评级数分别为8171个和8241个，只增加了70个。

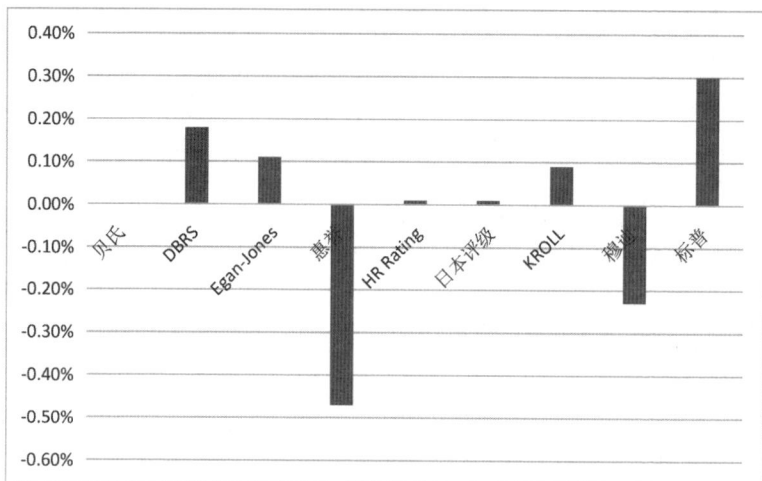

图2-4：各国际信用评级机构市场份额变化，2020年和2019年比较

资料来源：根据NRSRO2008年到2022年报告整理

评级机构最重要的资产是具有丰富经验的分析师。当我在不同场合被大家问到，大数据和人工智能是否将取代分析师，我的答案都是暂时还难以取代。除了收集评级相关历史数据，评级机构还需要了解发行人未来2年的发展规划，需要和管理层访谈，进行现场调研等。这些信息加上分析师的经验，才能够给金融市场和投资者提供具有前瞻性的信用观点，这是国际评级机构的核心价值，也是暂时难以被大数据和人工智能取代的。

表2-4：各评级机构分析师和分析师主管人数

评级机构	分析师总数	分析师主管	2019—2020 年变化
贝氏	160	62	3.90%
DBRS	428	131	−9.90%
Egan-Jones	25	12	8.70%
惠誉	1301	331	1.90%
HR Rating	63	10	21.20%
日本评级	62	30	0.00%
KROLL	176	54	2.30%
穆迪	1830	271	5.70%
标普	1560	122	0.10%
总计	5605	1023	1.80%

资料来源：2022年1月22日NRSRO年报

第二节　发行人付费是信用评级行业的原罪吗？探讨国际信用评级机构的业务模式

在目前NRSRO的9家国际信用评级机构中，除了Egan-Jones，其他8家评级机构都是发行人付费的业务模式。其实在金融危机之前，已经有来自各行各业的有识之士在讨论评级是否公正客观、是否存在评级虚高、评级兜售等问题。大部分作者都会发出振聋发聩的质疑，认为发行人付费就是评级机构为虎作伥的原罪。评级机构收了发行人的钱，不就是发行人的一支笔吗，要什么评级就有什么评级，怎么能够保持独立性呢？

让我们回到普尔先生出版《美国铁路手册》和穆迪先生出版《穆迪工商企业证券手册》的年代，那个时候的确是投资者付费的。在20世纪70年代宾夕法尼亚州中央铁路8200万美元商业票据违约的案例发生后，以前主要依赖发行人信誉作为投资决策的投资者意识到评级能够给市场提供更多透明度，因此对评级有了更强烈的需求。发行人为了让震惊的市场平静下来，同时也看到拥有评级对于定价和吸引投资者的好处，愿意支付评级费用。于是，评级机构逐渐将业务模式从投资者付费转变成了发行人付费。后来这种业务模式一直延续下来，推广到全球各国。例如，在我们国家的评级行业，主要的评级机构中也只有中债资信是投资者付费的。

讨论发行人付费的利弊前，我想先以2021年三大评级机构的收费表简单介绍国际评级的收费模式，如下表所示。国际评级机构会在每年年底将第二年的评级费用发给发行人和评级顾问。

表2-5：2021年三大评级机构费用表（单位：万美元）

	惠誉	穆迪	标普全球评级
发行人初始评级费用	10.5	11	11.5 ~ 13.5
债项评级费	6.8 基点	7.05 基点	6.95 基点
发行人评级年度跟踪费	8.1	7.8	9 ~ 13.5
合计	41.85	55.55	50.35 ~ 61.35

资料来源：天晟证券有限公司网站

备注：以3亿美元3年期限债券计算。惠誉和标普全球评级发行人初始评级费用包括了第一年的评级跟踪费，而穆迪的发行人初始评级费用不包括第一年的跟踪费。

具体来讲，国际评级的基本费用分发行人主体费用和债项费用，例如债项评级费用，中期票据和银行存款项目费用等。

1. 发行人主体费用： 发行人初始评级费用是在评级完成后才收取的，这和中国不一样。如果有些客户签署了合同，但并没有启动评级，这样并不会产生评级费用；如果评级工作期间停止评级工作，则根据工作量收取费用。跟踪费用是初始评级后一年收取，因为国际评级的合同基本是敞口的，发行人跟踪评级费用会一直收取。由于绝大部分发行人取得国际评级的目的除了发债，还有交易对手风险管理、提升市场形象等，因此会一直维持评级，直到评级撤销。标普全球评级披露，公司基本上一半的收入来自发行人主体初始评级费和跟踪费。当然每年也有一定的客户撤销评级，少数是因为债券到期不再需要评级，但大多数是因为公司信用状况疲弱，或者债券已经技术性违约了，公司觉得维持这么低的评级没有意义，会主动撤销评级。

2. **债项费用**：根据发债规模在发债成功后收取，按阶梯收费，所以发行规模越大，收费越多。债项评级没有跟踪费。以上面的费用表举例，如果发行人发行3亿美元的3年期债券，收费标准约为8个基点（万分之八），债券评级费用约为21万美元。如果债券发行在一定规模以上，根据穆迪2007年的费用表，5亿欧元发行规模以下为4.5个基点，5亿欧元以上为3个基点（Langohr & Langohr，2008）。

3. **费用调整**：评级机构大概率每年会调整费用，根据公开信息，穆迪的评级费用从2011年到2021年的年平均涨幅大约为3.5%。

无论在金融危机还是在任何一次的评级虚高讨论中，发行人付费总是众矢之的。因为发行人或者代表发行人的承销商支付评级费用，要么出于商业利益（例如高的评级能够降低融资成本和吸引更多投资者），要么为了形象工程（越高的评级代表越好的信用，有利于公司的市场形象），这使得发行人和承销商有意愿促使评级机构发布有利的评级。而评级机构可能会因此受到影响，为了得到更多的评级业务，有目的性地发布较高的评级，或者提升评级，或者在应该降级的时候没有降级。而且，评级机构这些行为将吸引更多的发行人或承销商，结果评级水涨船高。特别需要指出的是，如果一家评级机构在某个领域的评级特别高，那么这家机构有可能会在这个领域取得最多的该类别债券评级和发行人评级的业务，导致这个行业的评级偏高。在中国的国际评级市场，城投行业评级非常明显地反映了这个问题。我们都知道，城投公司是中国特有的发行人类别，大部分城投公司自身的信用质量比较疲软，主要依赖所在地方政府的支持。3家国际评级机构，包括很多的投资者，对于地方政府的看法很不一致。惠誉采用从上往下的评级方法，非常直截了当，城投公司的评级受挂靠的地方政府影响都比较大，惠誉因而赢得城投行业评级的天下。穆迪后来采用同样的方法论，在中国城投行业的业务份额后来居上。而标普全球评级一直采用由下往上的方法论，导致城投公司的评级更多受制于城投公司相对疲弱的基本面而偏低，所以标普全球评级在这个领域基本上没有存在感。

市场上对于发行人委托付费评级的弊端批评主要集中在如下几个方面：

第一，作为金主，发行人从更高的初始评级、评级提升和推迟降级中能得到好处，例如比较低的发行成本、比较好的市场形象等；而使用评级的用户，例如债券投资者、借款银行、合同的另一方，在这里是弱势群体，他们既没有在评级过程中发挥作用，也没有办法让信用评级机构对不准确的评级负责。

第二，对于复杂的产品，例如资产证券化产品，发行人付费的弊端更大。与其他产品相比，资产证券化评级的模型比较复杂而且不透明，难于保证评级方法论和模型的质量及严格执行。

第三，发行人付费的模式下，发行人可以委托所有评级机构进行评级服务，虽然各家评级机构严格按照自己的标准和评级方法论得出了公正的评级，但是可能因为观点不一样，评级结果会有所差异。因此发行人和承销商可以等评级出来后，挑选对他们最有利，也就是最高的评级公布，这成为行业里很流行的"评级选购"。而且，评级机构为了得到更多的业务，也可能会放松评级标准以取得较高的评级结果，这称为"评级虚高"。

第四，发行人付费和投资者付费比较，发行人付费模式更容易受到不当影响和操纵。某一评级机构过去主要是投资者付费，但在2010年也开始了发行人付费评级服务。该公司估计，一年里投资者付费的收入仅占该公司为资产证券化发布初始评级所获得收入的1%～20%（初始评级的收入主要来自发行人付费）。另外，和广泛的投资者用户基数比较，在资产证券化领域的债券主承销商要少得多。评级机构在发行人付费模式下更容易受到单一承销商的不当影响，而不是在投资者付费业务模式下受到单一订户的影响，因为单一主承销商对评级机构收入的影响可能比任何单一投资者大得多。一项研究表明，2007—2008年信贷危机期间资产证券化评级的降级比2001—2002年经济衰退期间公司债券的降级严重得多。另外，只有一个评级机构的债券更容易被降级——这一发现与发行人从评级机构购买最高评级的情况一致，因为这个评级很可能是评级选购的结果。所以大的机构投资者为了保护自己的利益，往往要求投资的债券需要双评价。

第五，除了评级机构的商业模式或机构层面可能存在的利益冲突外，还可能出现另外的利益冲突。例如分析师团队受销售团队的影响，希望获得更多业务；还有个别分析师跳槽到自己参与评级的发行人公司。这些都可能导致虚高的评级。

当然，很多市场参与方也表示对于发行人付费评级的支持：

第一，发行人付费模式已经持续了30多年，为信用评级的广泛公开传播提供了质量控制，而且评级机构的违约率和评级迁移研究已经明确揭示了各项评级和违约概率之间表现出强烈的相关性，高评级的表现比低评级的稳定很多。根据NRSRO的要求，每年国际评级机构都要披露金融、保险、企业、政府和资产证券化各个主要资产评级的1年、3年和10年的违约率和评级迁移分析。下一节我们将具体看看标普全球评级和穆迪的违约率和评级迁移分析。

第二，声誉风险可能会缓解信用评级行业固有的利益冲突。评级机构的声誉机制保证了它们的公信力和评级质量。因为评级机构最大的价值来自评级的质量，投资者在投资指引中会规定使用某些特定机构的评级，因此评级机构将努力保证评级的高质量和在投资者中的影响力。由于投资者和信用评级的其他用户重视质量评级，在发行人付费模式下运营的信用评级机构如果在投资者中享有更高的声誉，就可以从发行人那里吸引更多业务。类似地，在投资者付费模式下运营的信用评级机构如果在提供高质量信用评级方面享有一定声誉，可以从投资者和其他信用评级用户那里吸引到更多业务。

第三，发行人付费模式让投资者和其他评级使用者可以免费获知信用评级，有助于缓解投资者和发行人之间的信息不对称。在发行人付费模式下，广大投资者可以同时免费获得评级结果和信息，这种信息的自由流动为分析风险创造了一个良好的前提，提高了资本市场效率。

第四，监管部门已经明确表示要降低外部评级依赖，将评级交还给市场。如果法律和法规不再强制使用信用评级来贯彻某些监管方针，将一定程度上缓解利益冲突，因为这会导致投资者使用信用评级以外的其他信息来做出投资决策。然而，信用评级也用于投资指引和抵押协议等私人合同。与信用评级在法律和监管层面的使用类似，投资指引和抵押协议等私人合同也将鼓励发行人取得高质量的评级。

事实上，投资者付费一样存在利益冲突，因为这种模式意味着投资者需要向评级机构支付订阅费，以获得评级。例如，评级机构可能知道有影响力的投资者持有的债券头寸。对于已经持有债券的多头投资者，那么信用评级的提升会有利于债券的价格上涨，投资者会从中获利，但对于卖空这个债券的空头，这就是坏消息了。对于新发行的、评级较低的债券，愿意认购的投资者将获得更高的收益率。还有的情况是，评级机构可能意识到投资者希望购买特定债券，但由于债券的信用评级低于内部投资指引或适用的合同许可，投资者无法购买该债券，评级机构可能会提高该债券的信用评级，帮助投资者消除投资该债券的障碍。如果投资者付费的评级机构拥有广泛的用户群，且用户在特定债券的升级或降级方面有不同的利益，则这些潜在冲突可以得到缓解。

投资者付费评级机构还可能存在内部的利益冲突。例如2012年美国证监会处罚投资者付费模式的评级机构Egan-Jones，就是因为该机构的评级分析师违反了避免利益冲突的原则，为自己持有的债券完成了评级服务，证监会为此禁止Egan-Jones从事政府债券和资产证券化评级业务18个月，并且开出了3万美元的罚单。

最重要的是，投资者付费模式缺乏发行人的配合。由于缺少来自管理层访谈的具有前瞻性的保密信息，投资者付费的评级机构只能根据公开信息、历史数据、大数据等得出评级，这样的评级机构很容易被人工智能取代。因为在领先的评级机构里，有经验的分析师能够根据经验和发行人访谈做出高质量的判断，而且评级委员会讨论的方式，也有助于得出高质量的评级。另外，投资者付费的评级也存在信息不对称的问题，因为只有付费的投资者可以得到评级服务，这无助于需要透明度和公开评级作为媒介的债券市场的发展。

如上所述，无论是发行人付费还是投资者付费的业务模式，都存在利益冲突的问题。因此，信用评级机构的核心原则是能够保持独立性，坚守避免利益冲突制度，以保证信用评级是独立的、公正的和高质量的。

相信市场是有效的人士认为，企业之间的更多竞争会推动更高质量的产出，但忽略了一个前提，即这些企业都在追求高质量。遗憾的是，在发行人付费的业务模式下，信用评级机构之间的更大竞争不会推动更高质量的产出。2010年的一篇研究发现，虽然惠誉在2000年后不久成为穆迪和标准国际的"可信竞争对手"，但其市场份额的增长与较低的评级质量一致，这一结论是通过评级与市场隐含收益率之间的相关性衡量得出的。因此，评级机构之间的竞争加剧可能会削弱评级行业提供高质量服务的声誉激励，从而损害评级质量。金融危机后，由于对评级机构业务模式的批评非常多，美国监管机构还非常认真地收集和征求了多方意见，探讨有没有更好的方式取代发行人付费的评级模式。当然，最后由于这些新的模式存在各种各样的问题，而且评级机构也采取了积极行动保证评级质量，这些创新的业务模式只停留在了研讨层面。

前事不忘，后事之师。我还是在这里和大家简单介绍几种美国监管机构和市场参与方一起脑洞大开的建议，虽然这些新的业务模式目前并未进入实操，但很可能随着市场的进化慢慢成长壮大。这几种新的模式包括：（1）投资者组成的评级机构模式；（2）独立模式；（3）指定评级机构模式；（4）评级用户付费模式；（5）发行人和投资者付费模式；（6）替代用户付费模式；（7）随机选择模式；等等。我这里选择了几种比较有代表性的模式介绍给大家，特别是"投资者组成的评级机构模式"，这种模式和国内的中债资信的业务模式非常相似。

（一）投资者组成的评级机构模式

由投资经验非常丰富和成熟的投资者组成的评级机构。发行人将被要求获得两个评级，一个来自他们选择的传统评级机构，另一个评级就是来自这家投资者组成的评级机构，这也就是所谓的双评级的安排。中国债券资本市场的朋友一看，或许会觉得似曾相识，这不就是国内银行间市场资产证券化双评级的业务模式吗？中债资信[①]特有的股权结构，特别是投资人付费的运营模式，解决了发行人付费业务模式下的固有问题，在目前中国评级虚高的情况下，中债资信的评级中位数为中国评级体系的A，低于其他评级机构的评级中位数AA，在评级质量方面是起到表率作用的。

在这种新模式下，评级费用将由市场力量设定，评级机构发布的信用评级和基础研究将对公众免费。这种模式通过投资者付费的双评级，给行业引入新的竞争，迫使传统评级机构改善评级质量，投资者的利益将与发行人的利益相平衡。

大家的担心是：这种新的信用评级机构缺乏技术和资源，而且投资者过多会难于达成合作，存在投资者不愿意支付费用的情况。另外，这种模式存在投资者利益冲突，评级机构可能会故意产出过低的评级以满足投资者的利益；或者因为投资指引有最低评级要求，投资者会要求虚高评级以便购买相对高风险的资产，赚取高收益。这样一来，即使评级表现不好，但是高收益可以弥

---

① 中债资信评估有限责任公司成立于2010年，是由中国银行间市场交易商协会代表全体会员出资设立的。

补投资者的损失。而且为了避免净值损失或者低价抛售，投资者通常也不希望已经取得评级的资产降级。我们都知道很多投资者本身就是承销机构，特别是一些大的金融机构，我们很难彻底定义它们到底是投资者、发行人还是承销商。所以，这一模式还是无法彻底消除传统发行人付费评级的利益冲突。

（二）独立模式

在独立模式下，发行人将继续选择传统评级机构，这些评级机构也照样通过和发行人互动取得评级所需信息。然而，发行人不会给评级机构支付全部费用，评级机构将通过对一级市场发行和二级市场交易征收的交易费得到补偿。也就是说，一部分费用将由发行人或二级市场卖方支付，另一部分费用将由购买一级或二级债券的投资者支付。信用评级将对公众免费公开。

这个模式的初衷，是让评级机构的收入来源可以不受发行人和投资者的影响，这样一来，评级机构的工作重点将是进行最准确、最及时的信用分析，而不是满足任何其他既得利益者的愿望。

但是，独立模式不会消除与发行人付费相关的利益冲突，也不会阻止"评级选购"。因为如果发行人选择评级机构提供初始评级，这家评级机构将继续有强烈意愿争取发行人的支持。另外，如果评级机构的一部分费用将由未来在二级市场购买债券的投资者支付，大家比较怀疑其可行性。因为这样的支付系统需要大量资源才能实施，可能会给市场带来巨大负担；还需要成立一些公司来管理、监控和审计二级市场的支付系统，目前尚不清楚哪类公司能够处理此类业务。有人质疑这种独立模式能支持多少家信用评级机构，并指出这种模式可能会导致行业整合，降低竞争。针对将信用评级机构费用与二级市场交易挂钩，也有人提出了一些担忧：由于资产证券化产品的交易量相对较小，且此类交易产生的收入相对较低，发行时向评级机构支付的费用相对交易费用而言必须相当高；而且，在独立模式下，评级机构将无法得到足够的收入保证评级业务的顺利进行。

（三）指定评级机构模式

在指定评级机构模式下，所有评级机构都可以对新发行的债券进行评级，投资者将根据自身持有的债券比例，向他们选择的评级机构支付费用。发行人将被要求向所有提供了资产证券化评级的机构提供信息，并将向第三方管理人支付评级费用，该管理人将管理评级过程。该模式表明，发行人的转让代理人（目前负责维护投资者所有权记录）可以履行第三方管理人的职责。发行债券时，投资者将根据自身对信用评级基础研究的看法，指定对债券进行评级的评级机构中的某一个支付费用。投资者可以指定一个或几个评级机构。

第三方管理人将负责根据投资者的指定向评级机构支付费用。初始评级后，发行人将继续向第三方管理人支付维持评级费用，债券持有人也将在证券存续期内每季度通过指定流程分配该费用。当债务得到偿还（或由发行人回购）时，最终评级费将与债券的偿还或回购一起支付。信用评级将对公众免费，而相关研究将分发给投资者，并由相关评级机构自行决定是否分发给潜在投资者。

指定评级机构模式的支持者认为，它将消除发行人付费模式下发行人与评级机构之间的利益冲突。他们还认为，鼓励评级机构准备未经请求的评级将激励竞争，因为每个评级机构都将获得评级补偿，前提是一些投资者或其他评级用户认为评级机构的信用评级足够有用，愿意向评级机构分配一部分费用。

这种创新模式得到的反馈非常负面，因为存在巨大的不确定因素。首先，评级机构是否会在指定模式下得到收入存在巨大的不确定性，因为评级机构将被迫在没有任何付款担保的情况下对交易进行评级。评级机构可能会收到全部的常规费用，或者收到部分费用，也有可能收不到任何费用。这个模式下，评级机构的收入不确定性将导致该行业的评级质量、竞争和创新受到负面影响，因为评级机构将不愿意投入资源提高评级质量和保证数据准确。而且这个模式的支付系统太复杂，很难运作和管理（投资者决定向哪一家评级机构付费，一样存在投资者付费下的利益冲突）；这个模式也缺乏效率，因为发行人最终可能要面对好几家评级机构提出的大量问题。

（四）评级用户付费

在评级用户付费模式下，发行人不会为评级付费。所有评级用户都必须与评级机构签订合同，并为其评级服务付费。评级用户的定义是：将评级用在债券、贷款或合同中，将其作为经审计财务报表中记录的资产或负债要素的任何实体。评级用户包括固定收益工具的多头或空头头寸持有人，以及在合同承诺中提及信用评级的当事人，或者依赖评级债券、实体的衍生产品的当事人。用户将被要求为其登记相关资产或负债的每个期间提供的评级服务付费。

该模式依赖于第三方审计师，以确保评级机构从其服务的评级用户那里获得付款。任何需要获得包含评级工具或评级契约的经审计财务报表的公司，都需要向审计师证明持有人已支付了评级服务的费用。在审计师确信评级机构已获得适当补偿之前，不会发表审计意见。

这是看起来很美好，但非常难于执行的一种模式。大家都不知道如何找到这些用户，如何迫使评级用户支付费用，而且评级用户和评级机构之间一样存在利益冲突。做空债券的投资者可能会去鼓励负面评级行为，投资者也可能倾向于较低的评级以获得更高的收益。

（五）发行人和投资者支付模式

发行人和投资者付费模式结合了上述多个模式的特点，并利用现有结构作为收集信息的基础。在这种模式下，经发行人和投资者认可的评级机构将被指派对新发行的债券进行评级。一开始，所有机构将公平轮流得到评级分配，除非他们无法或不愿意对特定债券进行评级。到后面，评级项目将根据评级机构的表现进行分配，表现优异的机构将获得更多的分配。

在这种模式下，至少有2个评级机构将参与分配每笔发行人的评级项目，评级费用将来自新债券发行人和作为二级市场交易方的投资者。

这些费用将存入美国评级基金的专用基金中，并将定期审议和分配以保证费用合理性。评级将免费向公众开放。这种模式的好处是，提供的评级准确且客观，但是基本上没有可操作性。

通过分析上面这些新的业务模式，我们可以发现它们主要以信用评级用户（如投资者）为评级费用的支付方，从而降低了发行人的影响。其次，这些新模式希望借助评级机构和投资者的利益共同体来提高信用评级的质量；也希望能够促进评级机构之间的竞争，为信用评级用户提供更多选择（例如，独立第三方平台会中立地挑选新的评级机构进入业务领域，打破目前存在的垄断局面）。但是，所有这些新的模式都无法消除发行人的影响，因为在很多情况下，发行人和投资者属于同一集团，更何况投资者和评级机构之间同样可能存在利益冲突（这可能会影响评级的质量）。例如，如果初始评级或评级调整将影响投资价值，投资者可能会对评级机构施加影响，让评级机构在投资者拥有评级债券的情况下再公布初始评级或维持虚高评级，或在投资者持有空头头寸的情况下公布初始评级或维持低评级。也就是说，评级机构可能会被迫发布有利于投资者的评级，因为投资者将决定哪些评级机构将收取费用。最后，无论是引入第三方平台的模式还是发行人和投资者付费的模式，执行起来难度非常大。所以，最后这些研究只是流于纸面，对国际信用评级的竞争局面没有带来根本的改变。如上关于次贷危机后国际评级市场的经验说明，在监管、评级机构、市场的共同作用下，通过有效的监管、充分的信息披露和更高的透明度，发行人付费模式下的利益冲突问题可以得到有效控制，而发行人付费公开评级则是对整个市场最有效率的模式。其中的关键是，公信力要成为评级机构的最核心资产，从而对评级机构形成最有效的激励和约束机制。

第三节　分析师手中有水晶球吗？
以违约率和评级迁移透析评级质量

金融危机以后，各国监管机构通过问责制、提高评级透明度和促进竞争等方式来保证评级质量。在提高评级透明度方面，积极推动评级机构向公众公开信用评级流程、各领域评级方法论、业务模式、历史数据和信用评级表现等内容，而且只要对投资者有利，评级机构也需要将其他更多的信息来源披露给公众。各国监管机构的这些要求旨在减少可能对使用评级的投资者产生不利影响的信息不对称。具体来说，监管机构要求这些国际信用评级机构披露如下信息：

* 标准化的评级表现统计数据

* 信用评级历史的整合和新增的信息

* 用于确定信用评级的程序和方法中的重大变化和重大错误的信息

* 具体评级行动的信息

* 评级机构使用的每一个评级符号、数字或打分的明确定义

这些要求的目的是帮助信用评级使用者（例如投资者）获得更多的信息，以及协助外部对于评级机构活动的监督，让评级使用者和金融机构等能够做出更明智的投资决策和与信用相关的

决策，并允许评级使用者比较不同评级机构提供的评级的信用表现。所有评级机构现在必须披露其采取的每个评级行动相关的特定信息，此类信息包括用于确定信用评级的流程或方法、用于确定信用评级的数据和来源、对可用信息质量的评估、在确定信用评级时考虑的信息，以及信用评级公司假设的敏感信息。这些要求旨在提高信用评级行动过程的透明度，让信用评级使用者更好地了解信用评级是如何产生的，以及信用评级的信息内容，包括这些因素在不同评级机构的应用。金融危机后，国际评级机构越来越透明，不仅方法论、评级报告、信用观点等变得更加透明，分析师也非常乐意和投资者交流。标普全球评级和穆迪在年度业绩公布会上，都会介绍在投资级服务领域的进展。例如，穆迪在2021年业绩会上就披露其在2021年一共举行了700场研讨会，在全球吸引了超过5万名参与者，并且发布了47000篇文章。

我们在本书开宗明义，一直强调高质量的评级才是评级机构的核心竞争力，是评级机构赖以生存和发展的根本。我们在中国市场也提出了要建立以违约率为核心的、有区分度的评级体系。国际评级机构每年都会发布各个领域违约率和评级迁移的报告，数据和分析非常详尽，分行业、分区域。标普全球评级在官网上就直接声言：标普全球评级有效地说明了信用评级的质量。标普全球评级的研究表明，评级越高，违约率越低；反之，违约率越高。例如，标普全球评级历史数据表明BBB评级的公司3年的违约率为0.91%，而BB的是4.17%，B的是12.41%，CCC/CC的则高达45.67%。评级机构的分析师团队在严谨的流程、透明公开的方法论、严格的合规文化（包括内控和利益冲突管理）下，得出的评级结果给资本市场和投资者揭示了不同级别的信用风险。

标普全球评级最新给NRSRO提交的评级表现资料中包括了金融机构、保险公司、资产证券化等领域的评级情况，我们在这里以企业评级1年、3年和10年的评级迁移和违约率作为基础，分析一下标普全球评级金融领域的发行人的评级分布、评级迁移和违约率情况。

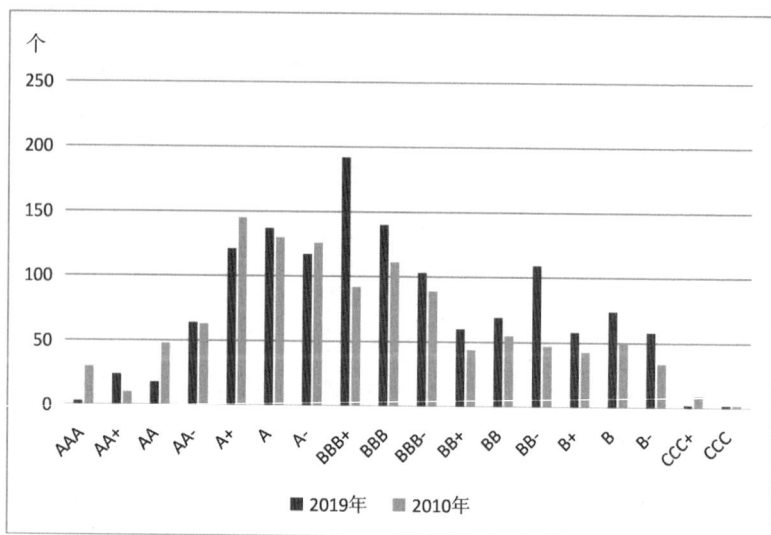

图2-5：2010年和2019年标普全球评级金融发行人评级分布

资料来源：根据美国证监会FORM NRSRO资料整理分析

标普全球评级在2010年和2019年金融发行人样本分别是1128个和1350个，2019年在2010年基础上增加了222个，评级分布非常正态，主要的评级集中在A和BBB水平，其中以BBB+的评级最多。而且非常明显地，2019年的评级和2010年相比总体是往低级别迁移的。例如，AAA的金融机构发行人数量从2010年的30个减少为3个。

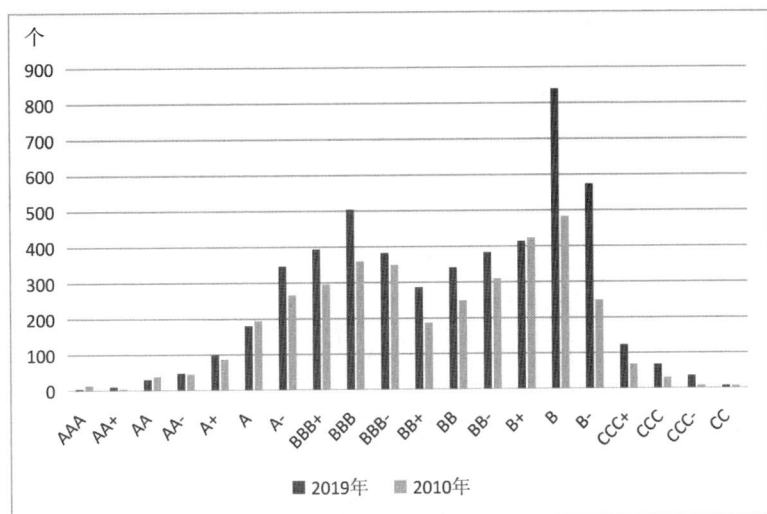

图2-6：2010年和2019年标普全球评级企业发行人评级分布

资料来源：根据美国证监会FORM NRSRO资料整理分析

标普全球评级在2010年和2019年企业发行人样本分别是3673个和5072个，2019年在2010年基础上增加了1399个，增幅大大超过金融机构发行人评级，这和我们在前面分析的全球企业直接融资快速增长的趋势是一脉相承的。企业发行人评级分布呈现驼峰状，投资级别的集中在BBB，而非投资级别的集中在B。和金融机构评级迁移一样，更多的企业发行人在往低评级迁移，例如AAA的企业发行人数量从2010年的15个减少为5个。

表2-6：标普全球评级企业评级1年违约率和评级迁移（2019年12月31日至2020年12月31日）

左侧两列为 2019年12月31日评级（评级、数量）；中间各列为 2020年12月31日的评级；右侧三列为 2019年12月31日至2020年12月31日期间的其他结果（违约、还款、撤销评级）。

2019年12月31日评级	数量	AAA	AA+	AA	AA-	A+	A	A-	BBB+	BBB	BBB-	BB+	BB	BB-	B+	B	B-	CCC+	CCC	CCC-	CC	C	违约	还款	撤销评级
AAA	5																								
AA+	11		81.82%	18.18%																					
AA	31			80.65%	6.45%																				12.90%
AA-	48				68.75%	22.92%	8.33%																		
A+	99					79.80%	17.17%	1.01%																	2.02%
A	180						86.67%	6.67%	4.44%																2.22%
A-	346						0.58%	86.99%	10.12%	0.29%															1.45%
BBB+	393						0.51%	1.27%	81.20%	12.44%	1.78%														2.80%
BBB	504							0.20%	1.59%	77.23%	12.90%	1.39%	2.78%	0.60%											3.77%
BBB-	382								0.26%	1.57%	76.59%	9.95%	1.83%	1.31%	0.79%	0.26%							0.70%		6.81%
BB+	286									0.35%	2.10%	68.88%	16.08%	3.50%	1.75%	0.70%									5.94%
BB	341											6.45%	62.17%	12.61%	6.45%	2.35%	1.76%								7.92%
BB-	383											0.78%	4.44%	60.05%	14.62%	4.18%	1.31%	1.04%					2.61%		9.66%
B+	414												0.48%	3.14%	47.58%	22.46%	7.00%	3.14%	1.21%	0.48%	0.26%		2.17%		12.32%
B	840														3.93%	51.79%	23.33%	6.90%	1.07%	0.24%	0.24%		2.14%		10.12%
B-	574									0.17%			0.17%			2.79%	52.79%	19.34%	4.88%	1.92%	0.52%		7.49%		9.76%
CCC+	123															0.81%	6.50%	31.71%	12.20%	5.69%	0.81%		29.27%		13.01%
CCC	68																4.41%	5.88%	13.24%	2.94%			57.35%		16.18%
CCC-	36																2.78%	2.78%	2.78%	2.78%	2.78%		77.78%		8.33%
CC	8																								
C																									
总计	5072																								

资料来源：美国证监会

从上表可以看到，企业评级在1年内相对稳定，即使有评级迁徙，绝大多数也是负面评级调整。而且处于投资级别以上的公司，评级更加稳定。A以上的级别没有任何评级上调，而且除了5个AAA的评级，A以上的发行人只有评级下调的。对于BBB以下3个级别变动比较大的情况，根据我的经验，通常是因为评级高的公司收购了评级比较低的公司，所以评级低的公司得以通过集团支持而上调评级。在中国也有类似的案例。2014年，阿里巴巴以53.7亿元港币收购了银泰百货；2017年5月，考虑到银泰百货对阿里巴巴具有重要战略意义，标普将阿里巴巴（评级是A+，间接持有银泰73.9%的股权）的集团支持考虑到了银泰百货的评级中，将银泰百货评级从BB–上调到BBB–，提升了3个级别（银泰百货在2017年撤销了评级）。

至于违约率，可以看到投资级别以上零违约，连BB的非投资级别都只有1%的违约率，B的平均违约率只有3%。违约主要出现在CCC级别以下，按照标普评级定义，CCC以下的公司违约概率高达60%以上。

表2-7：标普全球评级企业评级3年违约率和评级迁移（2017年12月31日至2020年12月31日）

2017年12月31日评级	数量	AAA	AA+	AA	AA-	A+	A	A-	BBB+	BBB	BBB-	BB+	BB	BB-	B+	B	B-	CCC+	CCC	CCC-	CC	C	违约	还款	撤销
											2020年12月31日的评级												2017年12月31日至2020年12月31日期间的其他结果		
AAA	6	83.33%	16.67%																						
AA+	10		80.00%	20.00%																					
AA	25			72.00%	4.00%	4.00%																			20.00%
AA-	59			6.78%	47.46%	20.34%	15.25%																			8.47%
A+	98				3.06%	66.33%	17.35%	7.14%																		6.12%
A	173					4.62%	65.32%	10.40%	6.36%		1.73%			0.58%												10.98%
A-	321						5.30%	68.22%	14.95%	3.12%	0.93%	0.49%											0.62%		6.23%
BBB+	411						1.22%	11.68%	57.42%	15.82%	2.92%	0.49%				0.31%									9.73%
BBB	450							1.11%	11.11%	58.00%	14.00%	2.67%				0.26%									11.78%
BBB-	392						0.22%		0.51%	14.03%	50.51%	8.67%	5.61%	0.22%	0.26%	2.04%									15.56%
BB+	298									1.01%	15.77%	40.27%	13.09%	6.38%	3.02%	2.68%							0.51%		17.45%
BB	364										1.10%	13.74%	29.67%	16.80%	6.59%	6.38%	2.47%						0.34%		21.98%
BB-	375										0.27%	2.93%		27.73%	10.93%	19.51%	4.53%	0.53%	1.07%	0.27%			0.82%		24.27%
B+	408											0.98%	8.33%	17.14%	24.75%	6.86%	4.91%	2.70%	1.47%				3.73%		27.21%
B	856									0.25%		0.23%	0.82%	0.82%	1.72%	22.78%	19.28%	8.06%	2.69%	0.47%			7.24%		33.29%
B-	408											0.25%	0.49%		1.96%	6.13%	23.04%	11.52%	2.70%	1.23%	0.49%		17.40%		34.31%
CCC+	108														0.93%	0.93%	7.41%	7.41%	1.85%	0.93%			49.07%		32.41%
CCC	38															5.26%	7.89%		5.26%				52.63%		28.96%
CC	36												3.85%					3.85%					73.08%		19.23%
C	7																						85.71%		14.29%
总计	4833																								

资料来源：美国证监会

表2-8：标普全球评级企业评级10年违约率和评级迁移（2010年12月31日至2020年12月31日）

2010年12月31日评级	数量	2020年12月31日的评级																					2010年12月31日至2020年12月31日间的其他结果		
评级		AAA	AA+	AA	AA-	A+	A	A-	BBB+	BBB	BBB-	BB+	BB	BB-	B+	B	B-	CCC+	CCC	CCC-	CC	C	违约	还款	撤销评级
AAA	15	33.33%	33.33%																						13.33%
AA+	5					40.00%			20.00%																40.00%
AA	39			10.26%	23.08%	17.95%	17.85%	2.56%	2.56%																25.64%
AA-	46			13.04%	21.74%	8.05%	21.74%	10.87%		2.17%	4.35%														13.04%
A+	87				8.05%	27.59%	21.84%	18.39%	8.07%	1.15%			1.15%												13.79%
A	194				1.55%	5.15%	24.23%	19.95%	4.60%	3.61%	3.09%	1.55%	0.52%	1.03%									0.52%		25.26%
A-	266				0.75%	1.88%	12.03%	24.81%	9.79%	7.52%	3.76%	1.13%		2.26%									0.38%		22.93%
BBB+	295					1.02%	4.75%	18.98%	22.18%	15.93%	9.49%	1.39%	0.34%	0.34%		0.68%							1.02%		24.41%
BBB	359			0.28%		0.56%	0.84%	10.58%	21.36%	26.74%	10.03%		2.51%		1.11%	0.84%									29.25%
BBB-	349						0.57%	3.44%	15.88%	16.33%	17.77%	6.02%	5.73%	3.15%	0.57%	0.57%	0.29%	0.34%					1.72%		32.95%
BB+	187							1.07%	10.89%	3.21%	14.44%	13.37%	5.35%	6.95%	1.60%	2.67%	0.53%						1.60%		43.85%
BB	249							0.40%	4.81%	4.42%	6.02%	11.65%	5.62%	8.84%	5.22%	3.61%	2.01%	1.20%					5.62%		43.78%
BB-	310							0.32%	0.40%	2.58%	4.84%	6.77%	5.16%	10.66%	4.84%	4.19%	3.55%						10.97%		45.16%
B+	423										1.89%	4.02%	3.55%	5.91%	6.68%	3.78%	3.93%	0.97%		0.24%	0.24%		11.58%		56.26%
B	483									0.21%	0.21%		3.11%		3.31%	5.18%	3.21%	1.65%	0.83%				16.98%		62.11%
B-	249										1.20%		1.61%	1.61%	3.21%	2.41%	3.21%	1.24%		0.40%			32.53%		51.81%
CCC+	69												1.45%	4.35%		1.45%			1.45%				42.03%		49.28%
CCC	31												3.23%	3.23%									38.71%		54.84%
CCC-	9									11.11%													77.78%		11.11%
CC	8														12.50%								62.50%		15.50%
C																									
总计	3673																								

资料来源：美国证监会

从3年评级迁徙看，所有的发行人，包括AAA的发行人，都有评级下调的，AA-的公司有个别提升到了AA。投资级别以上的发行人出现了在BBB级别0.51%和A级别0.62%的违约率，非投资级别的违约率BB为1%，B为10%，高于1年平均违约率3%。CCC以下的违约率和1年的一样非常高，都是60%以上。

从10年评级迁徙看，15家评级最高的AAA发行人都只有5家还保留着AAA的评级，其他都下调或者撤销了，AA-以下的公司评级提升和下调的都有。投资级别以上的发行人出现了违约，在A级别有0.3%的违约率，BBB级别有1%的违约率，非投资级别BB的违约率为5%，B为20%，是3年平均违约率的2倍。CCC以下的发行人都是超级高风险的，无论1年、3年还是10年的违约率都是60%以上。

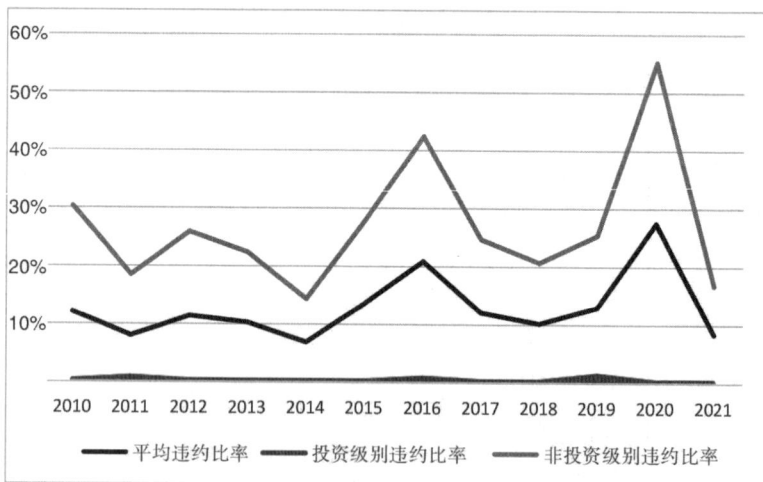

图2-7：2010—2021年标普全球评级企业违约率比较

资料来源：美国证监会资料整理分析

　　高质量的评级很少有大幅度评级迁徙。这种研究对于没有违约的公司尤其重要。从3年到10年的时间看，评级迁移既有正向的也有负向的。有不少公司因为宏观环境、所处的行业或者自身的管理，成了坠落的天使；也有些一开始是评级较差的公司，因为良好的经营管理和审慎的财务政策，评级逐渐提升到投资级别，比如中国的龙湖、吉利汽车等。在第四章中我将以龙湖和恒大地产作为案例，说明这两家公司在过去10年，是如何从BB初始评级开始走向不同的发展道路，最后龙湖从BB+提升为BBB的投资级别，而恒大以2万亿元负债成为全球负债最高的房地产公司，无奈选择了违约。

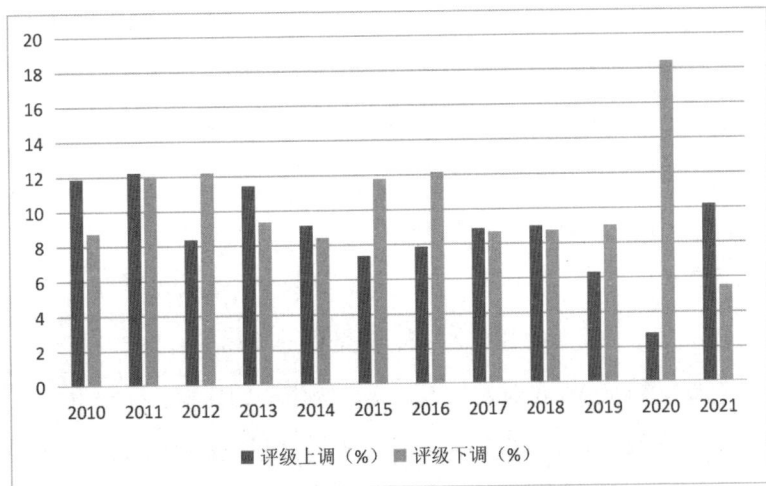

图2-8：2010—2021年标普全球评级企业评级调整比较

资料来源：美国证监会资料整理分析

　　上图显示，经济繁荣的时候，评级往上调整的比例略高于评级下调，而在2015—2016年石油危机和2020年新冠肺炎疫情期间，评级下调的比例远远高于评级上调。这是因为在经济向好期间，投资者对于风险不太敏感，但是在经济大环境不好的时候，投资者对于上升的风险特别敏感，因此评级机构也倾向于做出更加严厉的评级下调行为。市场上对此有一些批评的声音，认为评级机构的"落井下石"（剧烈的评级下调）变相加剧了金融危机。

巴尔·爱撒克先生（Bar Isaac，加拿大多伦多大学罗曼管理学院教授）和佐尔·沙皮罗先生（Joel Shapiro，加拿大多伦多城市大学教授，2013）认为，评级通胀的外部因素是商业周期。虽然这两位作者在某种程度上承认，竞争对评级通胀的加剧有影响，但他们认为，竞争可能并不是其主要原因。有人认为，无论市场集中程度如何，商业周期都可以成为市场通胀程度的有力判断依据。与金融领域的其他方面一样，信用评级在繁荣期更可能被夸大，而在衰退期更可能过于苛刻。

即使在不利的经济环境下，高评级的发行人较低评级的发行人仍呈现出了较大的稳定性。下图是穆迪披露的在2020年3月后对全球一共3800家企业发行人负面评级举动的比较：非投资级别发行人的负面评级有1173次，远远超过对投资级别发行人的185次的负面评级行动。

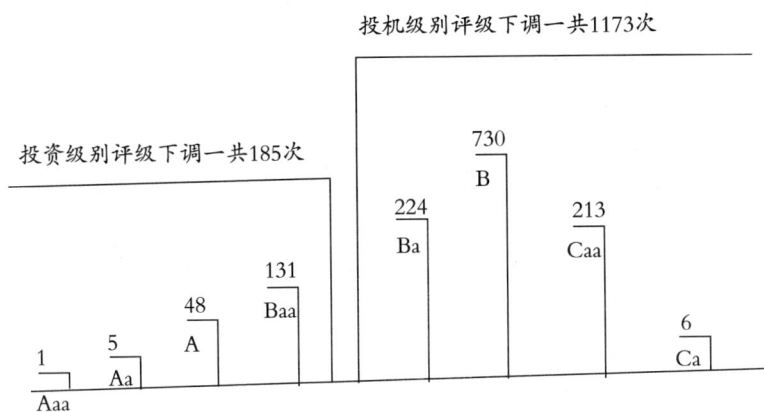

图2-9：2020年3月后对全球企业发行人负面评级举动的比较

资料来源：穆迪业绩公告演示材料

第三章

西风东渐：全球三大评级在中国

第一节　三大评级机构的进化过程

我刚加盟标普全球评级的时候（那时候母公司还是麦格劳希尔公司），赶上标普全球评级正准备150年庆典，当时标普全球评级举办了研讨会以作庆祝。老员工对公司的历史耳熟能详。1860年，公司创始人亨利·普尔先生出版了《美国铁路手册》，介绍美国主要铁路公司的经营数据和财务指标，为投资者提供铁路行业投资指南。1941年，普尔出版公司和标准统计公司合并，正式改名为标准普尔（Standard & Poor）。

我每次看到美国人以创始人名字作为公司名就觉得太不走心了，特别是普尔（Poor）的英文意思就是贫困、穷，太不吉利，哪位希望公司基业长青的创始人会如此大胆用这个名字？还是我们中国人讲究，给公司起名字一定要意头好，最好寓意五世其昌、生意兴隆、兴旺发达。不过无知者无畏，虽然公司名字里带着"贫困"，标准普尔最后还是毫无悬念地成了全球最负盛名的金融信息服务公司。

"标准普尔"这个中文名是贯穿了翻译"信达雅"原则的一个出色案例，"标准"是按照原英文的字面意思翻译，而"普尔"是按照原英文的发音翻译。我们在中国一些地方介绍标准普尔的时候，会遇到听众询问，问我们是不是卖普洱茶的；还有客户亲切地称标普为普尔公司，透着一股浓浓的、带有喜感的乡土气息。

1966年，出版公司麦格劳希尔收购了标准普尔，随着金融市场的不断发展和纸媒的衰落，标普全球进行了一系列的收购重组，最重要的一个重组是在2016年出售了老祖宗的主业——麦格劳希尔出版公司，更改公司名称为标普全球评级集团。我留意到标普全球评级集团的英文统一名字是S&P's Global，原来名字里的Poor终于不见了！2022年2月28日，标普全球评级和IHS Markit合并完成，成为1400亿美元企业价值的公司，提供评级、数据分析、基准、指数、大宗商品和能源、交通、工程相关的信息服务。标普全球评级集团最新的主营业务有：标普全球评级；标普财智；标普全球移动；标普全球大宗商品洞悉；标普道琼斯指数；标普全球机械解决方案。

对于标普全球收购IHS Markit这单2020年全球最大宗的收购兼并活动，我觉得标普全球评级永恒的竞争对手穆迪（穆迪和惠誉对标普全球的评级是A-，标普对于穆迪的评级是BBB+，从2010年到2022年一直没有变化，虽然期间有展望的调整）给出的评级报告非常中立：

尽管穆迪认为这个合并对标普全球的信用状况有积极作用，因为标普全球的收入规模扩大了、服务线变得多元化、长期盈利能力也由此提升，但合并也将导致更高的财务杠杆率，部分原因是穆迪预计标普全球将在2022年发行更多债券。而且由于IHS Markit较低的盈利率，合并利润率将略低。标普全球在包括评级在内的多个业务领域拥有领先的市场地位，具有显著的竞争壁垒、定价能力和增长机会。每年的有机收入增长率预计将在中高个位数的范围内，这得益于其庞大且多样化的服务系列的强劲需求，尤其是针对企业和投资者对ESG相关产品的需求。与合并前相比，集团业务模式将变得更加多样化、均衡和可预测，经常性收入基数将更大（预计2022年将达到75%左右）。

标普全球评级集团的进化论在资本市场角度非常成功。在出版业务和金融业务混合的时代，标普全球的主业不突出，投资者无从对公司的价值做出准确判断。根据公司上市后的年报，其出版业务的收入是最高的，但是利润非常微薄，因此严重压抑了其股票在资本市场的投资价值。出版业务的品牌影响力也很微弱，出版业务未分离出去之前，我们每次给集团领导安排高层会见都需要强调麦格劳希尔是全球最著名评级机构标普全球评级和标普指数的母公司，否则对方都不知道麦格劳希尔是何方神圣。我在写这本书时候，专门查了标普全球评级集团这些年的股票表现，可以明显看出标普全球评级集团的资本故事对投资者非常具有吸引力！当然，这也离不开美国股市10年大牛市这样有利的大背景。

图3-1：标普全球评级过去13年（2009—2022）股票走势（美元）

资料来源：YAHOO网站

我在标普13年的从业期间，第一次明显感受到中国市场对标普品牌的认知度是2020年新冠肺炎疫情刚开始时的4次熔断。2020年3月9日，美股暴跌，标普500指数盘中跌幅超过7%，触发第1层熔断机制，之后连续8个交易日，出现4次熔断。当时资本市场一片哀号。疫情的缘故，我们也不敢出门，每天晚上美国股市一开盘，我的朋友圈就刷屏了：标普指数下跌7%，再次熔断！4次熔断后，我们再去见客户的时候，自我介绍就省事多了。基本上大家都知道标普这个品牌了，也有兴趣听我们介绍标普全球集团的前世今生。

每次去上海陆家嘴，一出延安东路隧道，扑面而来的就是很多金融机构大堂的大屏幕，上面滚动展示着主要金融市场的指数，当然包括标普500指数。这里值得提一下不老财神巴菲特对标普500指数的推崇，他认为个人投资者长期投资标普500指数可以跑赢机构投资者。我对巴菲特这个观点非常赞同，连我女儿18岁成年的时候，我和她聊天时她都说："妈咪，我知道的，我上班有收入以后长期投资标普500指数就可以了！"她那时刚好完成了大学二年级的暑假实习，我鼓励她用实习工资开始投资标普500指数。时间价值摆在这里，投资要趁早啊！

最有意思的是，保险从业人士中间流行起一个所谓的"标普财富管理框架"，非常有名。很多朋友在网上见到后，都和我联系，希望我提供原篇。我们当时穷尽内部资源也没找到原文，后来猜测这是某位非常有经验的保险从业人士的总结，但苦于自己名气不够，于是借了标普的名字。我个人认为这个框架虽然和标普无关，但思路清晰、非常合理，值得我们把它作为家庭财富管理的圭臬。

表3-1：网上流行的标普财富管理框架

日常消费	意外重疾保障
短期消费：3—6 个月的生活费	通过买保险，专款专用
占家庭总资产的 10%	占家庭总资产的 20%
长期投资	保本升值
中长期投资：股票、基金、房产	长期规划：信托、养老、教育等
税后收入	更加稳健的投资
占家庭总资产的 30%	占家庭总资产的 40%

资料来源：根据公开信息整理

标普全球的股权机构非常分散，前10位股东基本都是基金，最大的股东是领航基金，持股比例只有8.25%，第二大和第三大股东是黑石和SSGA基金，持股分别只有大约4%。

1992年，标普全球评级开始授予中国主权评级。美国前财长保尔森在自传《和中国交手》中提到，他当时还是高盛的首席执行官，在高盛担任评级顾问，可见财政部对评级的重视，以及高盛多年前就开始了在中国深耕细作的战略。2018年，标普全球评级在中国成立了全资的子公司，取名"标普信评"。

三大评级机构中的"千年老二"穆迪成立于1900年，按照美国人的习惯，公司名依旧取自创始人约翰·穆迪。穆迪在1903年出版了《穆迪工商企业证券手册》，然后通过一系列收购兼并，建立了穆迪投资者服务公司；和标普全球评级一样，穆迪于2000年在纽约股票交易所上市。穆迪于2006年参股中国最大的国内评级机构中诚信评级，现在还持有30%的股权。为了收集更多资料撰写本书，我在2022年也听取了穆迪2021年的业绩公布会，得知中诚信在2021年给穆迪分红1400万美元（约9000万元人民币）。虽然穆迪自己全球的业务收入已经近38亿美元了，这1400万美元作为穆迪中国战略的成果，一样在全球业绩公布会上占有光荣的一席之地。

每年，巴菲特晒持股都是全球投资者关注的一件大事。穆迪常年居于巴菲特投资组合中，巴菲特持有穆迪13.32%的股份，是第一大股东。除了巴菲特，穆迪第二到第四的股东和标普全球完全是一样的，领航、SSGA和黑石分别持股6.94%、4.01%和3.85%。

巴菲特选择投资穆迪而不是标普全球，这是我当初在标普工作时一直抱有的遗憾。巴菲特曾公开说过他投资穆迪的原因是它的定价能力，而且他也说标普全球评级和穆迪是双寡头。我个人猜测巴菲特对穆迪情有独钟的原因主要有两点：第一，我在巴菲特自传中经常读到这样的情节——早年财务资信不发达，年轻的巴菲特靠《穆迪工商企业证券手册》甄选股票，特别是烟屁股这样的低估值股票；所以巴菲特对穆迪拥有朴素的感情。第二，就是我在前文提到的，标普全球评级被麦格劳希尔收购后主业不突出，巴菲特不喜欢这种综合类的公司；等到标普重组结束，已经时不我待了。

标普全球评级和惠誉对穆迪的评级都是BBB+，比标普全球评级的A−低了一级。以下是标普全球评级2018年对穆迪评级的摘要：

> 穆迪出色的运营业绩和降低的负债有利于杠杆率回落到我们的评级阈值内；因此，我们将对穆迪的评级展望从负面上调为稳定；稳定的展望反映了我们预期穆迪在之后两年的收入增长保持在中到高单位数，而且保持息税前利润率在50%区间。我们认为穆迪会积极降低负债直到负债率低于2倍，而且我们预测全球经济增长将支持穆迪的利润增长。

最后介绍一下三大评级机构中的惠誉。惠誉成立于1913年，发展路径和两巨头很像，都是收购兼并。现在惠誉属于Hearst家族，因为惠誉尚未上市，只能从网上查到它的年收入为17亿美元。该公司未上市，也没有如标普全球评级和穆迪一样取得国际评级。惠誉在中国曾经和联合资信成立合资公司，后来将股权出售给新加坡投资公司，于2018年在中国单独成立了信用评级机构惠誉博华，2020年取得银行间市场B类评级牌照（金融机构和资产证券化评级牌照）。惠誉在大中国区的故事也比较有意思，按照网上的说法，是一个逆袭成功的故事。为什么这么说呢？因为标普全球评级和穆迪的影响力大，很多中资美元债市场的客户一开始时只取得这2家的评级。随着市场对高评级的向往，惠誉对发行人友善的评级让它的市场份额持续上升；后来它开发了独有的、由上至下的城投公司评级方法论，可谓进入独孤求败阶段。有一段时间，惠誉垄断了城投公司国际评级市场，直到穆迪也开发了类似的方法论，两家才开始平分秋色。

2008年次贷危机后，评级机构收入急剧降低，例如穆迪评级收入从2007年的17亿美元降到2008年的12亿美元，下降幅度为32%。不过后来，评级机构的收入每年稳定增长，尽管我们在前面提到过去13年里国际评级总量减少了大概100万个，穆迪2021年的评级收入是38亿美元，和2008年比较增长了3倍多。

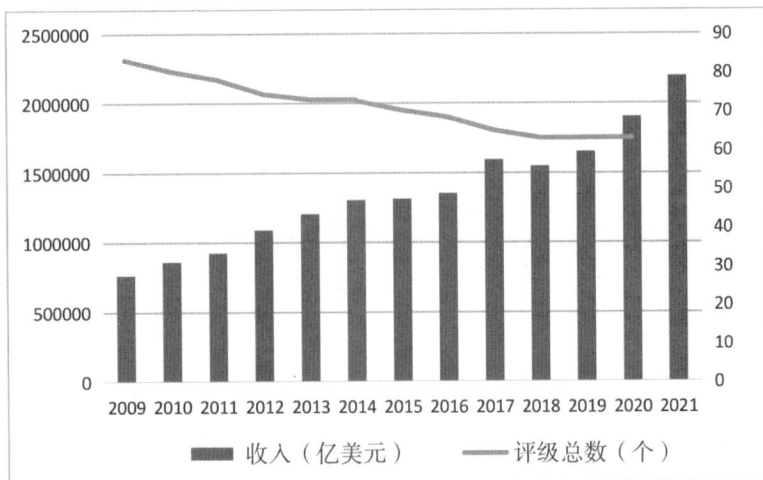

图3-2：2009—2020年标普全球评级和穆迪评级总数和收入趋势图

资料来源：美国证监会，标普全球评级和穆迪年报

由于监管部门积极推动国际评级行业竞争、降低外部评级依赖，特别是2008年金融危机中的资产证券化产品的恶劣表现让投资者望而却步，国际评级数量在过去10年持续下滑。标普和穆迪都是纽交所上市公司，每年都公布收入数据，提供按照地区和服务分类的详细资料，我们下面具体看看这两家公司的经营情况，而且这两家全球最大和第二大的评级机构一起占了市场份额的80%，基本可以代表整个行业的情况。2009年，这两家公司评级总数为231万个，到了2020年只有175万个，但是收入从27亿美元稳步增长到了68亿美元，增长了1.5倍。其中最主要的3个原因如下：

第一，收费稳定的增长。美国《金融时报》2011年一篇报道披露，标普全球评级和穆迪两家评级机构的发债费用当时是5基点；到2021年，已经分别涨到了7.05基点和6.95基点，10年涨幅为40%，年平均增长率约为3.5%。我们可以合理预测，以后无论是发行人的初始评级费用，还是跟踪费、中期票据和发债评级费用，它们的增长幅度也将和过去10年类似。每年年底，评级机构会将第二年的评级费用发给发行人和评级顾问。这也是巴菲特投资穆迪的原因：定价能力。

第二，业务结构的变化。以前，标普全球评级的发行人评级基数大，很多保险公司拿了财务实力评级只是为了进行交易对手风险管理，并不发债，因此发行人主体评级费用在标普全球评级的收入占比一直是比较高的；但是，随着债券市场的快速发展，债项评级的比例从2009年的36%增至2020年的55%。而穆迪的债项评级收入比例一直比标普全球评级的高，在2021年达到历史高峰，为69%。我们在第二章展示了三大评级机构收费表，国际评级的收费模式和中国最大的不同是，国际评级对发债的收费是按照发行规模制定的，并且按照阶梯式收费，这样债券发行越多、发行规模越大，评级机构收入越多。2008年次贷危机后，美国政府积极推动货币宽松政策，全球资本市场流动性较强，企业发债积极性很高，加上金融机构为了满足资本要求，都积极去杠杆，所以企业出现了明显的脱媒的趋势。这个趋势在2020年新冠肺炎疫情开始后，呈现登峰造极的局面。美国政府为了在资金层面舒缓疫情带来的危机，给市场大放水，利率持续降低；各企业未雨绸缪，为了保证资金的流动性，都积极发行债券，企业债券发行达到了历史最高峰。这也因此极大地推高了国际评级机构收入增长，标普全球评级和穆迪2020年和2021年评级收入增长率都超过双位数。

第三，首次评级业务的增长。因为全球脱媒的趋势非常强劲，而且从发达市场扩大到了发展中市场。穆迪在2021年业绩公布会上预测2022年的新评级数量为900~1000个。根据花旗银行2018年《评级早起步，天堑变通途》报告，在全球范围内，首次评级总量自金融危机后上涨了43%。虽然超过半数首次评级来自美洲，但主要增长动力来自亚太地区和欧洲地区。

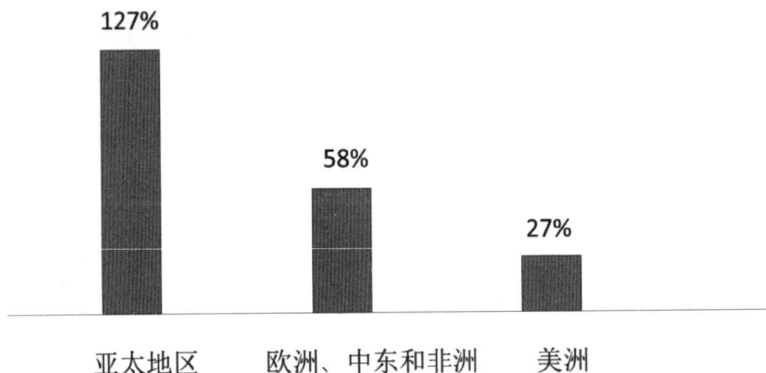

图3-3：2010—2017年全球首次国际评级增长率对比

资料来源：彭博，穆迪，花旗

根据公开信息，标普全球评级在大中华区（包括中国大陆和台湾）的国际评级数量从2009年的156个增长至2020年的569个，涨幅近4倍，新评级增加了超过400个。

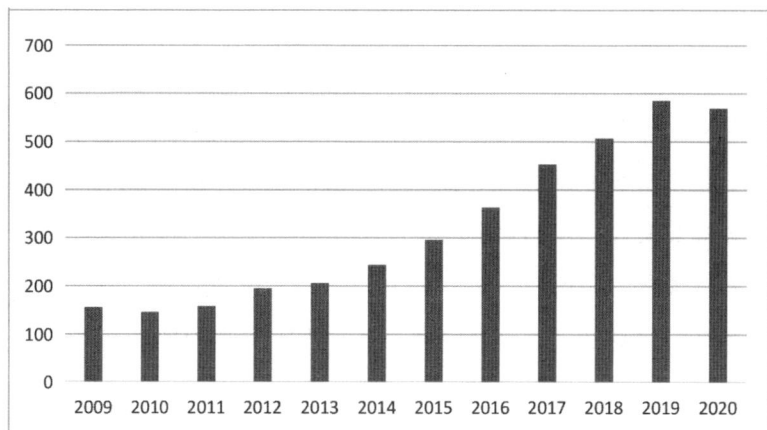

图3-4：2009—2020年标普全球评级在大中华区评级总数（个）

资料来源：标普全球评级2020年大中华区企业违约和评级迁移研究

根据标普全球评级和穆迪的年报，这两家评级机构的收入主要来自评级业务。穆迪还从一些非评级相关业务中获得收入，这些业务主要包括亚太地区的金融工具定价服务、ESG研究、数据和评估以及其他非评级业务。这些业务收入不多，只占穆迪38亿美元评级服务总收入的1%。

随着全球资本市场的发展，这三大评级机构同时于20世纪90年代在香港成立公司，覆盖中国香港和内地市场。伴随各国加强对国际评级机构的监管，香港证券及期货事务监察委员会（SFC）也将国际评级机构纳入了监管。这3家机构率先在2011年取得了香港证券及期货事务监察委员会10号评级牌照，负责中国国际评级业务的分析师团队基本都在香港。香港证监会对取得牌照10的评级机构具有监管责任。如果评级机构不遵守证监会的程序和实质要求，会导致香港的监管风险，这可能会导致经济处罚。

香港证监会曾经对穆迪就进行过处罚。穆迪于2011年7月发表报告《新兴市场公司的"红旗讯号"：以中国公司为重点》。该报告以插红旗的方式给中国内地公司打分，揭示中国内地公司治理、商业模式、增长幅度以及盈利和财务报表等方面的问题，导致大部分公司的股票下跌。香港证监会认为这是做空行为，违反了评级机构的相关准则，就此事公开谴责了穆迪并罚款1100万港币。

三大评级机构以中国香港为大本营，开始将服务网络延伸到内地。从2010年开始，全球资本市场流动性充裕，融资成本持续走低，在中国资本市场改革的大环境下，中国企业积极走出去，中资美元债市场崛起，全球信用评级开始了在中国市场长达10年的黄金时代。而我恰逢这个时机加入了标普全球评级，非常荣幸地参与和经历了全球信用评级在中国兴起、发展和整合的过程。我的工作也越来越繁忙，经常出差；随着城投公司评级的发展，后来我出差的范围从传统的香港、上海、深圳、广州，延伸到内陆地区，比如青海（标普全球评级曾经给青海投资评级，后来青海投资违约，标普全球评级撤销了其评级）、甘肃（甘肃公航旅，初始评级是BBB-，现在评级是BBB+）、重庆（标普全球评级曾经给重庆南岸评级，初始评级是BBB+，后来降级到BBB-，又应客户要求撤销了评级）、山东（青岛城投初始评级为BBB+，后来降级到BBB-，也应客户要求撤销了评级）。

虽然标普全球评级过去10年在大中华区的新评级数量增加了400个，但和发达市场相比，中国所占比例还是很小的。三大国际评级机构中，只有穆迪从2019年开始披露在中国的收入。2021年，穆迪评级全球总收入是38亿美元，中国国际评级的1亿美元收入大约只占其全球收入的3%。而中诚信在2021年给到穆迪的分红低于2020年，主要原因是被中诚信评为AAA的永煤控股直接违约，给资本市场带了很大的震动和负面影响；交易商协会对中诚信国际实行了自律处分，鉴于中诚信在对永煤控股和河南能源化工集团有限公司提供信用评级服务过程中，存在未按相关自律规则对永煤控股开展实地调查访谈、未能有效揭示信用风险等问题，对中诚信予以警告、暂停其债务融资工具相关业务3个月（2021年1月到3月）的处分。

表3-2：穆迪在中国的收入（单位：百万元人民币）

年份	国际评级	中国评级
2021	686	90
2020	725	122
2019	698	109

资料来源：根据公开资料整理分析

备注：美元兑人民币汇率为6.4。截至2022年3月底，穆迪尚未取得中国评级资质，穆迪在中国的收入来源是持有中诚信30%股权的分红。

温故而知新，这里和大家再重温下标普全球评级曾经努力实现本地化的一个策略。2011年4月28日，针对正在高速发展的中资美元债市场，标普全球评级推出首个针对大中华区开发的信用基准：大中华区评级体系，这一基准适用于中国香港和内地等地区的借款人。标普全球评级的大中华区评级体系基于与全球体系相同的准则和方法论，以"cn"作为前缀以示区分，并和正在运

行的全球体系有映射关系。当时，超过190个的发债人自动获得
了基于大中华区体系的信用评级。两个体系的主要区别在于等级
与比较基础：地区性评级体系基于某一特定地区内的信用风险比
较，而国际评级基于全球范围内的比较。

表3-3：标普全球评级国际评级体系和大中华区评级体系的映射关系

国际评级体系		大中华区评级体系	
长期本币评级	评级展望	长期评级	短期评级
A+ 以上	任何	cnAAA	cnA-1
A	正面	cnAAA	cnA-1
A	稳定，发展中，负面	cnAA+	cnA-1
A-	正面	cnAA+	cnA-1
A-	稳定，发展中	cnAA	cnA-1
A-	负面	cnAA-	cnA-1
BBB+	正面	cnAA-	cnA-1
BBB+	稳定，发展中，负面	cnA+	cnA-1
BBB	正面	cnA+	cnA-1
BBB	稳定，发展中	cnA	cnA-2
BBB	负面	cnA-	cnA-2
BBB-	正面，稳定，发展中	cnA-	cnA-2
BBB-	负面	cnBBB+	cnA-2
BB+	正面，稳定，发展中	cnBBB+	cnA-2
BB+	负面	cnBBB	cnA-3
BB	正面	cnBBB	cnA-3
BB	稳定，发展中	cnBBB-	cnA-3
BB	负面	cnBB+	cnB
BB-	正面，稳定，发展中	cnBB+	cnB
BB-	负面	cnBB	cnB

续表

国际评级体系		大中华区评级体系	
长期本币评级	评级展望	长期评级	短期评级
B+	正面，稳定，发展中	cnBB	cnB
B+	负面	cnBB–	cnB
B	正面，稳定，发展中	cnBB–	cnB
B	负面	cnB+	cnB
B–	正面	cnB+	cnB
B–	稳定，发展中	cnB	cnB
B–	负面	cnB–	cnB
CCC+	任何	cnCCC+	cnC
CCC	任何	cnCCC	cnC
CCC–	任何	cnCCC–	cnC
CC	任何	cnCC	cnC
C	任何	cnC	cnC
R	–	R	R
SD	–	SD	SD
D	–	D	D

资料来源：新世纪研究

备注：R代表监管监控，SD代表选择性违约，D代表违约。

标普全球评级大中华区体系属于对国际评级发行人买一送一的业务，在实际操作中并没有多大的实用价值。因为境外美元债的投资者在香港还是使用国际评级体系作为内部管理、定价和风险控制的基准。标普全球评级在2017年7月21日宣布取消了大中华区体系评级，没有说明原因。市场猜测，这是标普全球评级在为将来在华成立子公司和推出在中国境内市场的评级体系铺路。

第二节　三大评级机构的评级服务类别、业务模式和流程

根据国际评级机构在中国市场发展的特点和公开信息，我在这里着重介绍一下在中国比较普遍的国际评级服务。有些评级服务，例如银行贷款评级，在美国非常普遍；在有重大资本市场举措前评估评级影响的服务，在美国也是发行人使用频率很高的业务。基金评级，在澳大利亚和美国都有，但是在中国市场几乎没有这方面的需求；也只有惠誉有一些基金评级服务，我在这里就不专门介绍了。

在中国，国际评级用得最多的服务是发行人、债项和资产证券化评级：

- 发行人评级：评级对象覆盖了国家主权和地方政府、企业、金融机构和保险公司，保险公司的评级也叫财务实力评级。

- 债项评级：包括高级信用债评级和资本工具评级（例如企业混合资本工具或永续债、银行各级资本补充工具、保险公司各级资本补充工具）。

- 资产证券化评级：主要是对银行间市场的消费类资产，例如RMBS（房贷）、车贷和信用卡资产证券化的评级。

其他服务有：

- 保密信用评估：这不算是评级，因为只是根据公开信息做出的初步的信用观点，不涉及评级委员会和管理层会议，往往是一个评级区间，质量不如评级，而且这个服务是保密的，对定价没有帮助，所以需求很小。

- 绿色债券评估：标普全球在2016年收购了Trucost，推出第二方意见的绿色债券评估。给绿债的绿色因素打分。标普全球评级在中国第一个绿色债券评估是给三峡发行的绿色债券打分。

- ESG评估：这是2019年开始推出的新业务，对评级机构非常重要，现在每家评级机构都在积极推进这项业务，其业务水平可能会影响到将来评级机构的排序。

（一）主权评级和地方评级

主权评级非常重要，决定了国际资本和投资者对一个国家投资环境的看法。从方法论看，作为外界信用支持，主权评级高低决定了很多政府关联企业和地方政府的评级；另一方面，主权评级也是一个国家里发行人评级的天花板。标普全球评级从1992年开始给中国政府主权评级，当时的评级顾问是高盛。30年过去了，中国主权的评级是稳中有升，现在是A+，一共提升了4个级别。目前，穆迪和惠誉对中国主权的评级也是A+。

表3-4：中国政府主权评级变化（1992—2017年）

日期	评级	展望
2017	A+	稳定
2016	AA−	负面
2010	AA−	稳定
2008	A+	稳定
2007	A	正面
2006	A	稳定
2005	A−	正面
2004	BBB+	正面
2003	BBB	正面
1999	BBB	稳定
1998	BBB+	负面
1997	BBB+	稳定
1993	BBB	正面
1992	BBB	稳定

资料来源：根据公开信息整理分析

中国地方政府不发外债，因此都没有公开的地方政府评级，不过城投公司发外债，我们可以从城投公司的评级估计其所属地方政府的评级。我在前面介绍了国际评级机构为了展示评级的透明度，评级的方式基本是由下往上：先根据不同行业（企业、银行、保险等）的评级方法论得出独立评级，然后根据这个发行人和股东（政府或者集团公司）的关系而得到外界信用支持（对国企而言经常是评级提升）或封顶（对子强母弱的民企公司而言），从而得出最终评级。比较有中国特色的是，穆迪和惠誉对于城投公司的评级方式是从上而下的。

在学者库维科瓦（Kuvikowa，2015）分析惠誉的加入对穆迪和标普国际评级差异的影响时，作者表明，随着惠誉增加其市场份额，穆迪和标普全球评级在非金融部门的评级差距正在扩大（对金融部门没有重大影响）。对这一现象的一种解释是，惠誉的进入导致穆迪和标普全球评级重新评估了它们的评级，这导致它们的观点出现了更大的分歧。库维科瓦给出的另一种解释是，一个新进入者激发既有者开始采取不同的策略，有的转向在质量上竞争（因此在评级上变得更加保守），有的转向在市场份额上竞争（因此评级变得宽松以吸引更多业务）。这让我联想到，惠誉在中国城投领域树立的由上往下的评级方法论，可能影响了穆迪改变方法论，而标普全球评级对这个行业的信用观点则变得更加慎重。

表3-5：部分城投公司评级

	标普全球评级	穆迪	惠誉
北京基础设施	A+	A1	A+
甘肃公航旅	BBB+	NR	BBB+
武汉地铁	NR	A3	A
河南铁投	NR	A2	NR
浙江衢州	NR	NR	BBB-

资料来源：彭博，截至2022年4月20日

备注：NR表示未评级。

从3家评级机构公布的城投评级看，各家的观点不一样。在标普全球评级，直辖市/省地方政府的评级区分度很大，从A+到BBB+；穆迪和惠誉的则是从A到A+，区分度比较小。

从如下穆迪的河南铁投评级的新闻稿，可以看出河南的评级

为A2，因为河南铁投的重要性，穆迪把这家城投公司评级等同了河南省的评级。

2021年10月5日，穆迪向河南铁投授予首次A2的评级

穆迪投资者服务公司已向河南铁路投资有限责任公司（河南铁投）授予首次A2的发行人评级。上述评级展望稳定。评级理据："河南铁投的A2发行人评级反映了其高度的战略重要性及其与河南省政府的密切联系，原因是该公司是河南省唯一的铁路投资平台。这些信用优势反映于公司在可预测机制下获得大量政府注资的记录。"

河南铁投A2的发行人评级的依据是：（1）河南省政府的支持能力分数是a2；（2）穆迪对该公司影响河南省政府支持意愿的特征进行的评估，产生的子级调整为零。

穆迪对河南省政府支持能力分数的评估反映了：（1）河南作为中国（A1/稳定）的省份之一，直接向中央政府汇报；（2）该省发展水平一般、债务负担和财政赤字较小；（3）国企负债和银行业风险中等。

河南铁投的A2评级也反映了河南省政府向其提供支持的意愿，考虑因素包括：（1）该公司由河南省政府全资所有；（2）该公司投资和拥有河南省铁路。

上述评级还考虑了以下环境、社会与治理（ESG）因

素。河南铁投的环境风险较低，反映了客运在减少碳排放方面发挥重要作用。该公司投资的项目使其在建设阶段可能面临环境风险，但建设前的可行性和环保研究应可甄别和缓解相关风险。河南铁投应要求进行投资，甚至拥有必要的公共基础设施，因此承担较高的社会风险。人口结构的变化、公众的认知和社会优先任务决定了政府对河南铁投设定的目标，并可能影响省政府支持该公司的意愿。作为承担公共政策职能的国有实体，河南铁投受到河南省政府的监督并需要进行报告，因此公司治理也是该公司评级的重要考虑因素。具体来看，河南铁投的评级反映了河南政府通过该公司的全国铁路项目投资来监督该公司的治理情况。

可引起评级上调或下调的因素。河南铁投的稳定展望反映出：（1）中国主权评级展望稳定；（2）穆迪预计河南省政府的支持能力分数将维持稳定；（3）穆迪认为未来12个~18个月河南省政府对公司的控制和监督将大致上维持不变。上调可能性是：若中国的主权评级上调，或河南省经济或财政状况显著提升，或其协调及时支持的能力大幅加强，从而使河南省政府的支持能力分数提高，则河南铁投的评级可能会上调。

如果出现以下情形，穆迪可能下调该公司的评级：（1）中国主权评级下调，或河南省政府的支持能力分数减弱，后者可能是由于河南省经济或财政实力大幅削弱，或协调提供及时支持的能力显著下降；（2）中国政府的政策发生变化，导致地方政府不得向城投公司提供财务支持；（3）公司的特征变化促使河南省政府的支持意愿下降，例如：公司核心业务发生重大变化，包括商业类活动大幅扩张、招致重大亏损等。

（二）金融机构评级

在中国，金融机构评级对象包括了银行、券商、资产管理公司等。除了中融信托等少数没有政府支持和集团支持的金融机构，金融机构发行人评级普遍都比较高，属于投资级。金融机构在过去10年的评级数量是逐年增加，评级稳定。需要特别指出的是，商业银行为了资本补偿的要求，发行AT1等资本补偿工具的要求比较高，这些资本补偿工具因为资本属性高，每家评级机构的债项评级可能不一样，债项评级结果差异也比较大。

表3-6：部分中国金融机构评级

	标普全球评级	穆迪	惠誉
中国工商银行	A	A1	A
中国邮储银行	A	A1	A+
中金公司	BBB+	Baa1	BBB+
信达资产	A–	A3	A–
招商银行	BBB+/ 正面展望	A3	A–
广发银行	BBB–	Baa3	BB+
南京银行	NR	Baa3	NR
中信银行	BBB+	Baa2	BBB

资料来源：彭博，截至2022年4月20日

备注：加灰底的表示主动评级，NR表示未评级。展望如果没有特别标注为负面或正面的，则为稳定。

标普全球评级曾经对南京银行有过评级，后来撤销了。当初这件事在业内也属于有一定争议的。下面这篇文章说得比较详细。我作为当事人就不评论了。要说明的是，在国际评级中，发行人有权利随时撤销评级，但是评级机构出于资本市场透明度的考量，会在撤销评级公告中最后明确信用观点和确认最后的评级。或者在非常特殊的案例中，即使发行人撤销了委托评级，评级机构认为投资者对该评级具有很多兴趣，可能会将委托评级改为主动评级。

标普把南京银行惹毛了：撤回评级，终止合作

2016年7月5日　撰文：赵士勇

上周，小强独家报道了南京银行第二次被标普列入负面展望的情况（见6月28日《小强重磅|南京银行又被标普列入负面展望，到底什么仇什么怨？》）。但这一次，标普彻底把南京银行惹毛了，据《21世纪经济报道》文章称，南京银行已要求标普撤销评级，并且终止双方的评级合作。

6月28日，标普全球评级宣布将南京银行的评级展望由稳定调整至负面，理由是，南京银行用于应对国内经济风险的资本有所减弱。同时，标普还将该行的大中华区信用体系长期和短期评级也相应地做了下调。

但是两天之后，标普却撤销了上述评级，并称这是南

京银行要求的。据《21世纪经济报道》，对于评级遭下调，南京银行的回应非常强硬，不但要求标普撤销评级，还终止了与标普的评级合作。

南京银行董秘汤哲新称，由于合作期满，加之双方分歧较大，南京银行决定终止合作。

小强在上篇文章里就说过，南京银行和标普的梁子早就结下了，到现在终于"撕破了脸皮"。

2014年6月，标普首次将南京银行列入负面展望，但直到那时，标普给南京银行的评级还是BBB-，当时标普就放话，如果南京银行再不补充资本金，就要下调其评级。

没想到标普说到做到，一年后就将南京银行评级从BBB-降至BB+，同时还下调了该行的短期发债人和资本评估状况评级。

BB+是什么概念？根据国际资本市场习惯，BBB-（含）以上是投资级，以下是投机级，也被人称作垃圾级。

南京银行这几年业绩耀眼，被标普如此埋汰，岂能不火大？据说去年南京银行对标普的态度就是："不予理会。"但是今年标普还来触霉头，简直不能忍了。

据《21世纪经济报道》，南银董秘汤哲新表示："2011年，南京银行和标普签订合作协议至今五年，由于双方缺少公认的合作基础，在方法论上有分歧，也该寻找新的合作伙伴。"汤哲新表示。

标普作为乙方，敢给东家找不自在，真应了那句成语：自作自受。

国内外评级为何不在一个频道上？

偷偷撤销也就算了，标普偏不服气，在撤销评级说明中，仍然认为南京银行"真的不行"。

标普认为："评级撤销时的负面展望，反映中国经济风险上升情景下，南京银行的资本水平下降。在中国经济风险恶化至下一个级别的情景下，我们预计该银行风险调整后的资本比率（RAC）将降至5%以下水平，而5%是支持该银行当前评估和整体评级的最低分界水平。"

该报告还显示，如果中国的经济风险持续上升，南京银行经风险调整资本比率中的资本缓冲将严重下降至无法支撑标普对该行资本和收益评估的水平，导致无法进行有效评级。

不光是南京银行，国内很多银行分析师也为南京银行抱不平，认为标普的评级欠缺客观性，理由不充分。

那么为什么国内外研究机构对中资银行的评价完全不在一个频道上呢？

小强在上篇文章中提到，双方争议焦点就是这个RAC（风险调整后的资本比率），这一次汤哲新也通过媒体做了解释。

汤哲新解释称，第一个争议点在于，南京银行加强不良贷款的核销力度，维持了相对较高的拨备水平，以帮助企业减轻负担，应对当前和未来的资产质量管控压力，而标普认为此举使得资本弱化；此外，公司根据中国现行的监管政策，资本补充包括内源性资本补充和外源性资本补充（包括核心资本、一级资本、二级资本等），南京银行执行股东大会决议，于去年发行了150亿元二级资本债券。

第二个争议点，标普认为南京银行持续地快速增长损耗了该行的资本缓冲。汤哲新解释称，南京银行存款、贷款等各项经营业务均按照资产负债管理计划有序安排，并且每月主动进行调整。银行基于早投放早收益的原则，一季度增加投放，因此增长较快，这是主动性安排。

所以综合来看，标普就是担心南京银行快速扩张，可能面临资本金不足的情况。

不过这个担心也不是没有根据。在6月20日召开的南京银行股东大会上，该行董事长林复坦承，近几年南京银行发展非常快，资本消耗大。因此，如何进行增资扩股或是资本融资，相关方案目前还在公司管理层的讨论中。

前面提到，银行因为交易对手要求，是取得国际评级的第一批中国发行人，他们对于评级的管理比较重视。例如，我在中国银行官网上找到了对于国际评级详细的披露，包括评级变更历史，中国银行也是目前唯一一家取得日本评信（R&I）评级的中资银行，级别为A。

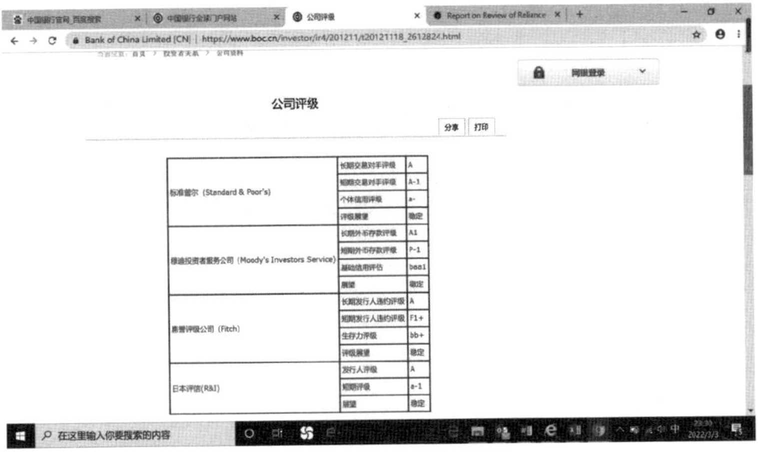

图3-5：中国银行国际评级一览

资料来源：中国银行网站，2022年3月3日

中国银行的评级信息披露和全球大的商业银行很类似，如下是汇丰银行投资者页面披露的评级情况：

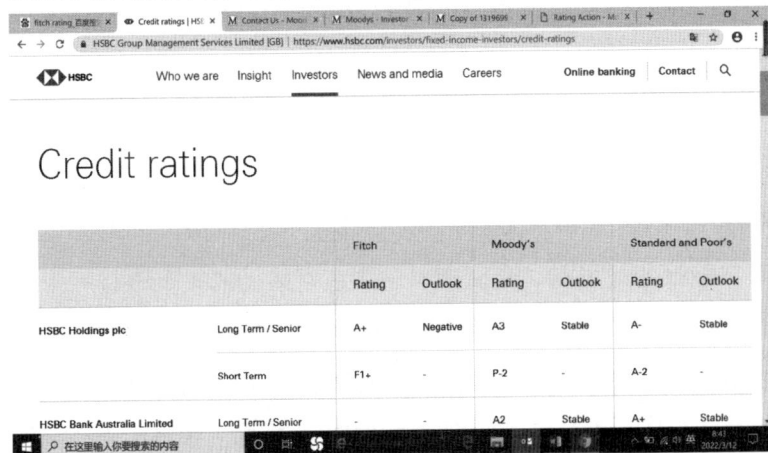

图3-6：汇丰银行国际评级一览

资料来源：汇丰银行网站，2022年3月12日

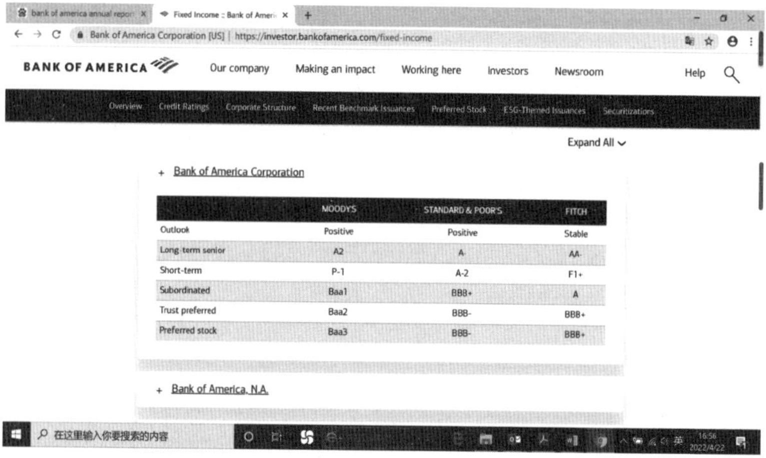

	MOODY'S	STANDARD & POOR'S	FITCH
Outlook	Positive	Positive	Stable
Long-term senior	A2	A-	AA-
Short-term	P-1	A-2	F1+
Subordinated	Baa1	BBB+	A
Trust preferred	Baa2	BBB-	BBB+
Preferred stock	Baa3	BBB-	BBB+

图3–7：美国银行评级一览

资料来源：美国银行网站，2022年4月22日

中国金融行业还有一个特点是主动评级相对比较多。除了中国工商银行和广发银行，截至2022年4月1日，惠誉对华夏银行、民生银行和北京银行的主动评级都是BB+。10年前，惠誉对后来转成委托评级的兴业、浦发等中资银行的主动评级都是在投资级别以下，市场猜测根源在于当年惠誉的银行业分析师朱夏莲（2006—2014年在惠誉），她被认为是中国影子银行问题专家。根据公开资料，朱夏莲对中国监管薄弱的影子银行扩张问题调查颇深，其在该领域的研究被空头基金大佬查诺斯（James Chanos）等褒扬。美联储副主席耶伦和纽约联储主席杜得利2012年访华时，还专门抽出时间与朱夏莲共进早餐。朱夏莲2009年就警告中国为应对金融危机而采取的4万亿元刺激措施有可能制造出信贷泡沫。2007年，朱夏莲从一位中型银行高管口中了解到影

子银行业的兴起，并着手研究。其他中国专家认为，朱夏莲是促使中国央行2011年7月公布"社会融资总额"指标并纳入表外信贷的功臣。

在惠誉关于中资银行崩盘说（见下文）盛行的时代，外资银行有这么一种流行的情景：总行的风险官拜访了朱夏莲后，忧虑中国的银行马上有违约风险了，考虑要降低对中国的额度；着急的客户经理马上安排风险官拜访另外一家评级机构的金融分析师，那位分析师对中国银行业的看法完全不一样，详实的数据和专业的水平完全说服了风险官。于是业务照旧。北京的客户经理们终于松了一口气，不用担心没有业务了。

惠誉评级：中国部分银行资产或恶化，危机3年内爆发

2011年4月21日　来源：《时代周报》

近一年，朱夏莲（Charlene Chu）接受媒体采访时，几次表达忧虑：中国银行业，健康堪忧。几年前，曾在纽约美联储钻研中资银行的她来到北京，成为惠誉评级（Fitch Ratings）的在华首席银行分析师。

这位明星研究员坚持一个观点：2008年之后，中国为刺激经济而增发的大量贷款主要流入地方融资项目及地产业，这部分银行资产可能恶化。4月14日，惠誉将中国本币发行人违约评级展望由稳定调低至负面，并认为危机可能于3年内爆发。

不过，3—4月间，陆续公布的多家上市银行2010年报并不支持惠誉的论调。报告显示，工、农、中、建、交等银行基本延续近十年不良贷款额、不良贷款率"双降"的势头。4月15日，中国工商银行董事长姜建清在博鳌亚洲论坛上承诺，将于3年内基本解决政府融资平台相关贷款（以下简称"平台贷"）的问题。

一方看空，一方看多，银行业的"暗债"风险究竟几何？

"崩盘"之辩

惠誉已不止一次拉响红色警报。去年9月，朱夏莲在一份题为《中国银行业：2009年信贷扩容造成了多大伤害？》的宣讲报告中答道，中资银行的信用风险敞口自2008年底显著增长，其资产质量恶化几乎已成定局，问题只是何时恶化、恶化到何种程度，以及是否将掀起一场危机。

此前，2010年6月，惠誉还将中国银行业的"宏观审慎风险指数"从1调升至3，认为系统性金融风险较高。这一预警体系曾成功"预言"爱尔兰以及冰岛的债务危机。"我们评判资产质量的一个重要依据是贷款与GDP增长的关系。"惠誉联席董事温春岭告诉《时代周报》记者，2004—2008年，中资银行的贷款增速与GDP增长基本同步。但2009年，前者突增33%，而GDP的涨幅只有8.7%。

"这是一个非常危险的信号。"

甚至，惠誉分析师担心历史可能重演。20世纪90年代末，亚洲金融危机之后，同样为刺激经济，中国信贷全面"开闸"，代价则是大量的不良资产以及国家为重组银行付出的高额成本。"过去两年的放贷规模、模式一如十年之前。而且，这些资金的投向高度同质化，房地产业和地方融资平台贷款占了很大比例。甚至，不少发放给制造业等其他行业的贷款也间接进入了房地产。"温春岭说。

根据央行统计，2010年，人民币各项贷款新增7.95万亿元，近25%流入房地产，而2009年的这一数值为21%。此外，截至2010年11月末，全国共有各类地方融资平台公司近1万家，贷款余额约9.09万亿元，占全部人民币贷款的19.16%。

"彼时，银行之所以爱往政府平台跳，是因为看中土地储备的市场价值。而且，地方财政以及人大亦有某些形式的承诺，表示必要时将给予平台贷一定的支持。"沪上一家国有银行信贷部总负责人告诉《时代周报》记者，银行默认的一般前提是，经济持续高速增长、土地预期收益不断提高、平台资本的变现能力维持较高水平。

然而，依据惠誉的评估，截至2010年末，按照更保守的贷款分类，平台类问题贷款可能促使中资银行的不良贷款率提升至6%。同时，中国的住宅建设与GDP之比高达10%，这意味着房地产业发出了过剩信号。

"中国地产业已积聚较大泡沫，如果在高位破碎，可能致使整个行业资金断链，影响地方融资平台和某些国有企业的贷款偿还能力，银行亦将为之付出惨痛代价。2008年的美国便是前车之鉴：房市崩盘致使坏账骤增，银行不堪重负进而引发全面危机。"温春岭如是分析道。

被渲染的危机

"崩盘"说被惠誉一再提起，舆论哗然。

"改革开放30年，这样的预言家不断出没，尽管他们总是猜错，但依旧乐此不疲。"4月15日，博鳌亚洲论坛分会场，姜建清坦言不相信惠誉的"魔咒"。在他看来，平台贷和房贷领域的风险早已受到监管部门和银行业的高度重视。

去年以来，银监会模拟房价下跌30%、40%、50%的情景，敦促银行接受多次房贷压力测试。2010年3月，测试频率更是从季度调整为月度。而披露的结果显示，如果房价下行30%，银行的不良贷款率不会显著上升。

（三）企业评级

中国的企业评级主要面向基础设施公司、能源公司、IT公司、制造公司、房地产和城投公司。基本上所有的企业取得国际评级的用途是为了在中资美元债市场发行债券，筹集低成本的资金。企业一直是债券资本市场上活跃的发行人。

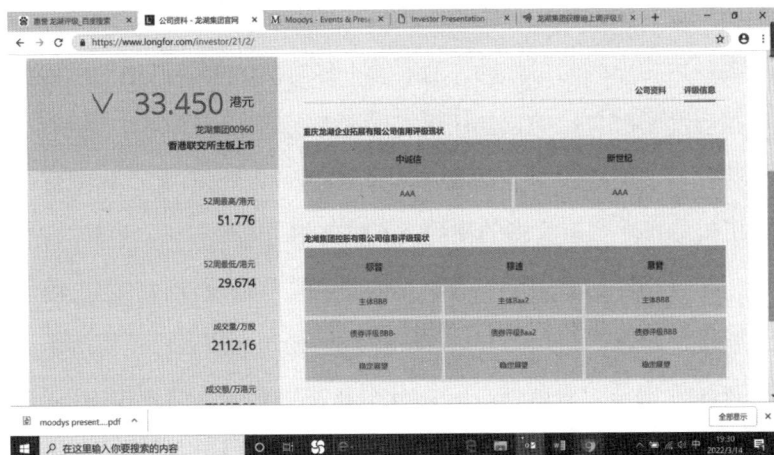

图3-8：龙湖公司国际和中国评级一览

资料来源：龙湖公司官网，截至2022年3月14日

表3-7：部分中国企业评级

	标普全球评级	穆迪	惠誉
中国中铁	BBB+	A3	A-
碧桂园	BB+	Baa3/ 负面展望	BBB-/ 负面展望
百度	NR	A3	A
旺旺	NR	A3	NR
腾讯	A+	A1	A+
康师傅	BBB+	Baa1	NR
中国铝业	BBB	NA	A-
中海油	A+	A1	A+
阿里巴巴	A+	A1	A+

资料来源：彭博，截至2022年4月12日

备注：加灰底的为主动评级，NR为未评级。展望如果没有特别标注
为负面或正面的，则为稳定。

在中国的国际评级市场有一个特点：往往行业里第一个吃螃蟹的发行人公布初始评级后，行业里的其他公司就会陆续地公布评级。因为评级是可比的，有了第一家评级做锚，其他的可比公司很容易了解自己的独立评级和外部支持，房地产公司、银行、证券公司、能源公司、基建公司和电力公司等都如此。大家对评级机构的排序都有合理的预测，不过偶尔也有例外。

2011年以前，由于中资美元债的监管政策还没有放宽，基本上取得新评级的都是红筹结构的房地产公司，以及IT新贵腾讯和消费品领先公司康师傅，它们分别取得民企最高级别BBB+。康师傅特别有意思，它曾经在1996年发行了美元债，那时候还没有取得评级，因此债券是无评级的。

2012年，百度分别获得了穆迪A3和惠誉A的评级；2013年，旺旺取得穆迪A3和惠誉A−的评级，都分别高于当时标普全球评级和穆迪对腾讯和康师傅的BBB+和Baa1的评级。因为百度和腾讯同属IT巨头BAT的一员，旺旺和康师傅同属于消费品行业，无论业务和财务状况都非常具有可比性，但是评级稍晚的公司比同行高出一级的评级引起了当时市场的热议。最后市场经典总结：晚评级的公司后来者居上，只是利用了游戏规则让自己取得了比较好的评级。

腾讯、百度、旺旺、康师傅这4家公司从取得初始评级到2022年也有10年历史了，如下展示了这4家公司截至2022年4月12日的评级，大家可以判断各家评级机构的观点：

- 腾讯：A1/A+/A+（穆迪/标普/惠誉。惠誉是在2015年5月开始授予腾讯评级的，直接给的中国最高评级A+；而当时标普全

球评级对腾讯的评级只有A，标普全球评级是在2015年4月将评级从A-提升为A，2017年4月将腾讯调升为A+的）

- 百度：A3/A（穆迪/惠誉），没有变化
- 旺旺：A3（穆迪），没有变化。旺旺撤销了在惠誉的评级
- 康师傅：A-/A3（穆迪/标普），提升了一级

这4家公司在过去10年的评级变化也说明：在国际评级体系上，很多优秀公司的评级可能10年都没有变化，因为在投资级公司，能够维持出色的业务和财务表现就属于优等生了。只有少数出色的公司如腾讯或第一章介绍的特斯拉那样，能在几年内连续调升几个级别。

（四）保险公司评级

也称为财务实力评级。很多保险公司取得评级是为了满足业务（特别是再保险业务）需要，国际上的保险公司都会要求有A-以上的标普全球评级或贝氏的评级。

表3-8：部分中国保险公司评级

	标普全球评级	穆迪	惠誉	贝氏
中国人寿	A+	A1	A+	NR
中国人保	NR	A+	NR	NR
平安集团	NR	A2	NR	NR
中再集团	A	NR	NR	A
中海运再保	NR	NR	NR	A-

资料来源：彭博，截至2022年3月30日

备注：NR为未评级。

我们也讨论过，保险公司取得评级最主要的目的是管理交易对手风险，所以他们非常喜欢在官网上披露评级情况：

图3-9：中再集团在官网上披露的贝氏和标普全球评级的评级

资料来源：中再官网，2022年3月20日

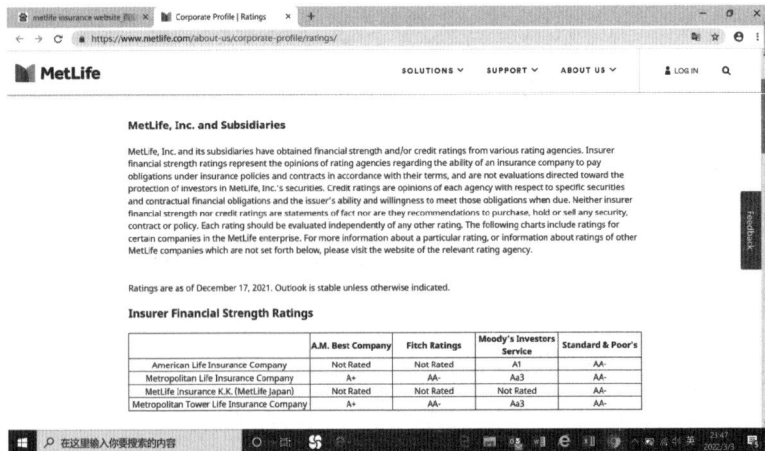

图3-10：大都市保险公司有专门一个页面披露集团公司和子公司的债券评级

资料来源：大都市公司官网，2022年3月3日

（五）资产证券化产品评级

这个更特别。发行结构的原因，中国在境外发行的资产证券化评级只有2016年底的中国银行发行的COVERED BOND，其他的都是在国内银行间市场发行的消费类资产证券化评级，主要资产类别是房贷、车贷和信用卡。目的是吸引国际投资者的投资。资产证券化产品比较特别，评级可以比主权高4级，因此这些资产A档①的很多取得了AAA的最高评级。国际银行是资产证券化产品的主要的投资者，根据标普全球对银行风险资本计算方式，AAA评级的资产证券化产品风险暴露只有20%，AA是30%，A是50%，而到了BBB风险暴露就是100%了。在这里展开说一下，中国对于商业银行投资资产证券产品的风险计算很相似，根据《商业银行资本管理办法》资产证券化风险加权资产计量规则，投资评级为AAA到AA−（中国评级）的产品的风险暴露只有20%，评级为A+到A−（中国评级）的是50%。国内银行投资评级为AA−（中国评级）以上的1个亿元的资产证券化产品风险暴露只有2000万，对于银行的报表是有利的。

---

① 资产证券化产品通常会根据不同期限、利率和风险分档，风险最低的为A档，风险相对比较高的有B档和劣后档等，每一档的风险不一样，评级也不一样，当然利率也相应地随着风险的加大而调高，以满足不同风险偏好的客户的要求。

表3-9：部分中国资产资产证券化产品优先A档评级

	标普全球评级	穆迪	惠誉
中国建设银行 RMBS	AAAsf	NR	AAAsf
中国银行 RMBS	AAAsf	NR	NR
招商银行个人贷款	AAAsf	NR	NR
现代汽车 AUTO ABS	AAAsf	NA	AAAsf
宝马汽车 AUTO ABS	AAAsf	Aa2sf	AAAsf

资料来源：根据公开信息整理，截至2022年3月30日

备注：NR为未评级。

（六）绿色债券评估

这是给绿色债券的打分。标普全球于2016年收购了位于英国伦敦的环境研究公司Trucost Plc。2017年开始，标普全球评级推出了绿色及可持续金融第二方意见的服务。截至2022年4月，标普全球评级评估并提供了100多个符合绿色债券原则（GBP）和绿色贷款原则（GLP）融资框架和交易的第二方意见认证，助力超过700亿美元的绿色融资。

Trucost Plc是碳和环境数据和风险分析领域的领导者，评估与气候变化、自然资源约束以及更广泛的环境、社会和治理（ESG，environmental, social and governance）因素相关的风险，提供全面的环境、气候和可持续发展目标的数据集和分析。通过22年的数据收集研究，Trucost Plc的环境绩效数据已覆盖超过15000家公司，占全球市值的98%，并且覆盖超过60万次固定收益发行和170种国家债券。全球超过27万亿美元机构资产由Trucost

提供数据分析帮助，识别不同资产类别的环境风险和机遇。在中国，中国工商银行绿色金融部门也和Trucost合作，提供绿色融资服务。标普全球评级绿色债券评估在中国的首单是给三峡收购海外风电项目债券的打分。

在全球范围内绿色债券及其他可持续债券种类越来越流行的大环境下，可持续债券的发行规模预计在2022年将达到1.3万亿美元，较2021年发行规模增长30%。特别是2021年6月起，标普全球评级获得了香港特别行政区金融管理局（HKMA）以及新加坡金融管理局（MAS）在绿色和可持续金融领域的"认可外部评审机构资格"，选择使用标普的绿色评估服务成功在中国香港或者新加坡发行绿色或可持续债券后，相关费用都可全额报销（具体资助计划内容请参考中国香港和新加坡金融管理局的网站），绿色债券评分业务得到快速发展。

国际对于绿色债券的判定通常采用如下方式：

鉴证——由审计公司完成，针对是否符合绿色债券原则或者绿色贷款原则的鉴证。

认证——由气候债券倡议组织（CBI）批准授权的核查机构完成，对债券募集资金是否符合《气候债券标准》以及具体行业标准做出认证。

第二方意见——由评级公司，或科学研究机构及其他环境咨询和评估机构完成。确认是否符合绿色债券原则或绿色贷款原则。对发行人绿色债券项目框架进行评估，并对符合资质的资产作环境和气候效益的分析。通常第二方意见更加符合投资人要求。特别需要指出的是，在国际上通常看不到"第三方认证"这个概念。

中国对于绿色债券的判定通常有"第三方认证"及"第二方评估"两个标准。以国际标准进行判定，中国境内46%的绿色债券都不符合国际认定标准（此处指气候债券倡导组织CBI的绿债标准，不符原因主要为"用作一般营运资金""信息披露不足"等）。

表3-10：主要的绿色债券评估和绿色框架评估

年份	公司	绿色评级分数/绿色框架	行业
2017	中国三峡	E1/83	再生能源
2018	朗诗房地产	E1/84	绿色建筑
2021	五矿地产	E1/83	绿色建筑
2021	北京环卫	绿色框架	环境及设施服务
2022	浙江衢州国资	绿色、社会和可持续框架	综合类

资料来源：根据公开信息整理，截至2022年3月30日

穆迪是通过收购的公司Vigeo Eiris提供绿色债券评估服务，而惠誉因为没有获得香港特别行政区金融管理局以及新加坡金融管理局的绿色和可持续金融"认可外部评审机构资格"，所以在这个业务方面没有标普全球评级活跃。

（七）ESG（环境、社会和治理）

我们在前文提到，评级业务是受到各国严格监管的业务，为了保证评级的独立性，国际评级公司基本只做单一业务：发行人付费的评级业务。其他数据相关的业务都由同一集团内的姐妹公司运营，和评级业务之间存在防火墙。穆迪在2021年的业绩会上披露，评级收入占了该司38亿美元总收入的99%，其他收入只占1%，这包括了ESG收入。标普全球评级没有披露总收入里非评级收入占了多少比例，只披露了其ESG收入达到了9800万美元。

从2009到2016年，我们在标普全球评级推广的一直是单一业务：评级（主体评级和债项评级），直到2017年绿色债券评估服务推出，这是基于债券的评估产品。我们非常欢迎新的增值服务，这样我们在和外界交流的时候除了谈评级，也能增加新的内容。中国是全球第二大绿债发行国家，因此我们当时也做了不少绿色能源、绿色建筑相关的绿色债券评级服务。到了2018年，ESG扑面而来。标普全球评级开始积极推广ESG的概念，推出了ESG评估服务。当时在中国，ESG还属于非常新的一个概念，我们和客户当面交流的时候，常会听到的三类问题是：

1. 对我公司的评级有影响吗？

2. 投资者看ESG吗？对我们债券发行定价有帮助吗？可以便宜多少？

3. 中国哪一家公司做了ESG评估？全球可比公司做了吗？多少分？为什么做？

这些问题让我一瞬间恍惚回到2009年，很像我们在中国从零开始推广国际评级的时候。不过在当时，国际评级至少在发达国家已经非常成熟了，有了很多案例和经验可以借鉴；而现在，ESG服务在全球都没有现成的参考模板。只能乐观地看待这件事了，这意味着我们和全球一起站在ESG的起跑线上，指令枪已经打响，看我们在可持续发展的路上能走多快、走多远。

ESG代表了环境、社会和治理，是当今全球推动企业可持续发展的重要指标。随着全球越来越重视可持续性发展和绿色经济，中国也提出了2030年前实现碳达峰和2060年前碳中和的目标。不像国际评级已经形成了三大巨头掌握了话语权的现象，由于这个概念比较新，ESG评估的全球竞争格局如同战国时代，"群雄逐鹿"；除了三大评级机构提供ESG评估服务，还有MSCI等其他机构参与其中。三大评级机构在评级报告中都包括了对于ESG因素的简要分析；相比之下，标普全球走得最快。

标普全球于2019年收购了位于瑞士苏黎世RobecoSAM的ESG评级和CSA基准业务（Corporate Sustainability Assessment，企业可持续发展评估调查问卷）。RebecoSAM是荷宝投资集团旗下专注可持续投资主题策略和影响力投资策略系列的品牌。其在评估企业可持续发展绩效方面拥有21年的经验，并一直在提高ESG报告的标准。它拥有一支庞大的全球研究人员和分析师团队，覆盖61个特定行业的ESG标准，对超过7250家公司做了ESG评估，平均每家公司整合1000个数据点并评估超过30万份文件。CSA作为全球最大规模的企业可持续发展实践年度评估之一，自1999年以来一直专注于针对具体行业且具备重大意义的可持续发展标准进行评估；能够将企业的各项ESG管理和绩效表现量化打分，全面反映企业的ESG水准。2021年，超过2250家企业积极参与了CSA评估，其总市值达全球市值45%以上。标普全球的大量投资人客户正在将ESG评分纳入其投资决策过程中，涉及资产已超过26万亿美元。

三大评级机构发布的评级报告，为了更好展示在评级流程中ESG因素对于信用质量的影响，都开始将ESG纳入了考量，提供了更多的透明度。以龙湖的评级报告为例：

- 标普全球评级：E-3，S-2，G-2。①环境因素相对负面，但是，龙湖面临和可比公司一样的环境和社会风险。由于悠久的上市历史和始终如一的审慎风险管理战略，龙湖的公司治理框架优于企业平均水平，特别在民营房地产公司中非常出色。

- 穆迪：公司治理因素方面考虑了所有权的集中度，还考虑了公司维持审慎财务政策的良好记录。龙湖建立了成熟的管理团队，8名董事会中有4名独立非执行董事，而且龙湖还根据香港联交所对上市公司的《企业管治守则》要求，采取了其他内部治理结构和披露标准。

- 惠誉：ESG为3分，表示ESG因素对信用影响为中性或对发行人的信用状况的影响极小。

---

① 标普全球评级在2021年10月31日公布了ESG信用指标，分别从1到5：1代表正面，2代表中性，3代表适度负面，4代表负面，5代表非常负面。ESG信用指标将ESG对于信用质量的影响从影响信用评级的非ESG因素中独立出来，解释和总结了ESG对于信用分析的相关性。

　　截至2022年4月1日，目前标普全球评级在全球范围内有59个ESG评估；值得一提的是，穆迪委托标普全球评级完成了自身的ESG评估，分数是82分（满分100分）。可以说，穆迪在ESG领域也是身先士卒，起到了带头表率作用。在中国大陆，公开的ESG评估暂时还没有。路漫漫其修远兮。我后来离开标普全球评级，这个重任就交给了同事继续努力。

第三节 从小处看独立性的体现

说实在话，国际评级成为市场的焦点真不是好事，因为这往往意味着金融危机，例如2008年金融危机、2021年下半年的中国房地产公司事件。我们看到的是三家评级机构同时对发行人，包括国家主权、企业、资产证券化产品在短期内快速降级。我们在前面也提到，2008年金融危机时，美国投资银行雷曼兄弟降了10级，2008年资产证券化产品降级的数量比2000年金融危机中所有信用评级降级次数还多。每次资本市场急剧波动，评级也会出现急剧下调，这促使大家形成一种观点：因为三家主要的国际评级机构高度垄断了国际评级市场（2020年三大国际评级机构市场份额为94.7%），而且发行人委托的评级又是公开的，评级机构可以观察到彼此的评级行动，这可能会导致观点的趋同，例如一样的信用观点，一致的评级调整等，这种行为可能会促进顺周期性，形成羊群效应：评级机构会在市场好的时候一窝蜂提升评级，金融危机时则急剧降级，严重影响金融市场的稳定性。

严格地说，这几家评级机构的评级没有关联性，每家评级机构会根据自己的方法论、评级流程和评级委员会得出评级。与其对三家机构的评级结果做横向比较，大家不如关注每一家评级机构的相对序列的排序。虽然大家经常觉得三家机构的评级结果都很类似，但那绝对是幸存者偏差：差距比较大的评级结果大多数被保密了，不见天日而已。这种情况在中国非常普遍。我们在前面讨论发行人委托模式弊端时候，也提到存在评级选购的情况。我们可以在透明度比较高的美国市场看到很多评级差异，例如线上零售巨头亚马逊的标普全球评级是AA，而穆迪评级是A1，和标普相比差了2级。在中国也有难能可贵的例子，就是中国铝业。标普全球评级对中国铝业的评级从2001年到现在已经超过20年的历史，中国铝业的初始评级是BBB，其评级曾经上调到了BBB+，也曾经离高收益级别只差半个级别（BBB-，负面展望），现在的评级又回到了20年前初始评级的水平BBB；而惠誉对中国铝业集团的评级是A-，比标普高了2个级别。这里必须给中国铝业管理层点赞，也要给标普全球评级和惠誉的分析师点赞，大家都坚持自己的独立看法，给市场提供了更多不同的观点。我们很欣慰地看到，即使在发行人最强势的中国市场，还是有不少发行人的评级存在差异度的，这说明了发行人的国际视野，也从另外一个角度充分说明了国际评级机构的独立性。本书第四章的投资人访谈中，一位投资者也谈到他们非常期待分析师能够保持自己的独立性，没必要过多关注市场和其他人的观点，投资者认为分析师的独立观点对他们最有价值。

表3-11：三大评级机构的公开评级比较

	标普全球评级	穆迪	惠誉	最大级别差异
美国主权	AA+	Aaa	AAA	一级
微软	AAA	Aaa	NR	
强生	AAA/负面	Aaa/负面	NR	
EXXON	AA-/负面	Aa2	AAA	三级
亚马逊	AA	A1	AA-	两级
谷歌	AA+	Aa2	NR	一级
苹果	AA+	Aaa	NR	一级
特斯拉	BB+/正面	Ba1/正面	NR	
Infosys	A/稳定	Baa1/正面	NR	两级
中国主权	A+	A1	A+	
中国工商银行	A	A1	A	一级
中国邮储银行	A	A1	A+	一级
中国铁工	BBB+	A3	A-	一级
碧桂园	BB+	Baa3/负面	BBB-/负面	一级
中国招商银行	BBB+/正面展望	A3	A-	一级
中国铝业	BBB	NR	A-	两级
河南铁路	NR	A2	NR	
浙江衢州国资	NR	NR	BBB-	

资料来源：彭博，截至2022年4月15日

备注：NR为未评级。加灰底的为主动评级，其他都是委托评级。展望如果没有特别标注为负面或正面的，则为稳定。

因为存在评级选购，很多发行人的初始评级可能是一样的。但是，在评级跟踪过程中，随着公司信用状况和外界支持的变

化，每家评级机构的观点可能不一致。我这里和大家分享两个案例：

案例一：青岛城投

2015年青岛城投取得标普全球评级和惠誉的初始评级，都是BBB。随后，标普全球评级将青岛城投评级下调为BBB-，并在2020年1月13日应发行人要求，撤销了青岛城投评级；因为标普全球评级认为青岛城投在必要情况下获得青岛市政府特别支持的可能性有所下降。标普全球评级的观点是，近几年青岛城投业务模式的市场化转型，意味着政府对该公司的管控可能削弱，该公司的政策作用可能下降；较长期而言，青岛市政府对青岛城投的管理监督将逐步转变至更接近于对其他商业化国有企业的监管。标普全球评级认为青岛城投的市场化投资决策权大于大多数平台公司。在过去几年里，该公司已向融资租赁、光伏电站和民营医院等竞争性业务拓展。

同一年里，惠誉将青岛城投评级由BBB上调至BBB+，展望稳定。本次评级的上调反映了惠誉的观点，即青岛城投与青岛市政府的关系已经加强，因为该公司现在将代表政府持有更具战略意义的资产。2019年末，青岛市政府赋予青岛城投集团在城乡基础设施建设、光伏发电等业务上的职责，使其持有政府的战略资产。

案例二：远洋集团

远洋集团控股有限公司（Sino-Ocean Group Holding Limited，

3377 HK，以下简称"远洋集团"）在2014年取得标普全球评级、惠誉和穆迪的BBB–投资级别。

2017年6月29日，标普全球评级发布公告，将远洋集团的长期企业信用评级由最低投资等级BBB–降到非投资级BB+，远洋集团担保的债券评级相应下调到BB+。

这一下调主要反映了远洋集团与其第一大股东中国人寿（2628 HK）之间的战略关系的进展不及标普此前预期。标普分析师Cindy Huang表示："基于过去几年的追踪考量，我们认为，远洋集团与中国人寿业务之间的协同效应低于之前的预期；从当前的协同效应来看，中国人寿对于远洋集团的投资并非战略投资，而属于财务投资。除远洋集团外，中国人寿在地产方面还有其他布局，远洋集团未如预期的与中国人寿展开合作项目来实现战略关系。"基于此，标普将原先来自中国人寿2个级别的评级提升下调为1个级别。远洋集团的独立评级并没有变化。"事实上，公司的信用指标在过去6个~12个月都有不错的改善，我们预计，远洋集团的财务杠杆将在未来12个月持续降低至5x（2016年底为5.6x）。"因此，此次评级下调与远洋集团的基本面无关，而是评级调整因子的下调，即来自大股东支持的评级提升发生改变。

对于远洋集团与中国人寿之间的协同效应，以及中国人寿对于远洋集团信用的提升，不同的评级公司也有不同的看法。

惠誉在2017年6月28日的评级公告中就指出：远洋集团是中国人寿的唯一战略性房地产投资平台，中国人寿持有远洋集团

29.99%的股份，并承诺未来的持股比例不会低于25%。中国人寿提供的有力支持给远洋集团带来2个级别的评级提升。此前，穆迪在4月10日的评级公告中亦表达了类似观点："远洋集团是中国人寿在房地产行业唯一的战略股权投资"，"远洋集团的Baa3评级反映了其个体信用实力以及（来自中国人寿的）2个级别的提升"。

评级下调后，应远洋集团要求，标普撤销了对远洋集团的所有评级。

和远洋集团类似的案例还有越秀地产。标普全球评级在2014年授予越秀地产BBB–的长期企业信用评级，展望稳定。2017年，标普全球评级因为越秀地产居高不下的负债率将其评级从投资级别的BBB–降至高收益的BB+，随后根据公司要求撤销了评级。

除了这些案例观察，一些研究文章也说明了各家评级机构差异性。

库维科瓦认为，标普全球评级和穆迪的评级存在显著差异。这些差异因行业而异——各机构似乎对于科技和通信行业的信用风险的观点是一致的，但在其他行业，穆迪对非金融行业的评级更为保守，标普全球评级对金融行业的评级更为保守。库维科瓦的结论是，"这些结果可能是评级方法的差异或标普高估金融机构的成本造成的"。此外，库维科瓦还表明，自2005年以来，穆迪和标普全球评级之间差异的统计显著性一直在加深，这两个机构在分配投资和非投资等级的水平上也有所不同。因此，证据表明，大型评级机构至少不太可能简单地模仿彼此的行为，是存在各自观点和独立性的。

布姆帕里斯（Boumparis，英国纽卡索大学管理学院的金融教师）等人（2015）认为各机构用于主权债券评级的模型存在差异。他们发现，"与其他评级机构相比，穆迪似乎更重视财政状况的发展"。投资者更重视来自更保守机构的评级，布姆帕里斯等人认为，穆迪对欧元区市场的影响可能确实比其他评级机构更大。然而，这似乎与市场集中度无关，而是与评级过程中使用的方法带来的价值有关。

卡马尼奥（Camanho，伦敦玛丽女王大学经济和金融学院教师）等人（2011）也关注到当美国Egan-Jones进入企业债券市场时，也出现了类似的情况。此前，该市场由标普全球评级主导。众所周知，Egan-Jones提供的评级比市场领导者更准确、更及时，该公司的进入对现任者的声誉构成了威胁。因此，标普全球评级的评级水平开始向下移动，代表着更严格的评级体系或评级通胀的修正，并对发行人市场和基于市场的风险度量的变化更为敏感，这有助于跟踪评级的及时性和准确度。

Egan-Jones在官网上专门公布了如下数据，以证明自己评级的准确性。从2001年开始，主要评级机构的评级在向他们的评级迁移。

表3-12：Egan-Jones的评级有益地推动了其他国际信用评级机构
评级质量的提升

年份	趋同	没有影响	百分比（%）
2020	220	18	92
2019	263	14	95
2018	222	26	88
2017	219	12	95
2016	324	23	93
2015	211	19	91
2014	233	19	92
2013	300	20	93
2012	330	25	92
2011	360	23	94
2010	282	11	96
2009	392	26	93
2008	487	26	95
2007	370	18	95
2006	372	17	95
2005	365	16	96
2004	355	14	96
2003	351	13	96
2002	425	16	96
2001	441	15	97

资料来源：Egan-Jones官网

备注：如果某个公司的评级是BB，其他评级机构即对该公司的评级从原来的BBB调整到BBB-，那么这叫"趋同"。如果其他评级机构撤销了评级，这不算"趋同"和"没有影响"。另外，如果我们的评级和其他评级机构不一样，我们预警其他机构可能会采取趋同的评级调整，而且他们也做了，这也不算"没有影响"。

第四章

中资美元债市场上的国际评级

前面几章分别介绍和分析了国际评级的概念、作用、在中国的发展等。而在中国，国际评级发展的最根本的推动力来自发行人在境外发债的需求；如果没有中资美元债市场，国际评级在中国的发展会非常缓慢，可能只有保险公司和银行为了满足交易对手要求会取得国际评级。这一章，我们将更加聚焦中资美元债市场对国际评级的推动和影响：例如，中资美元债的投资者主要构成，他们的投资指引需要国际评级吗？不同发行框架对评级的要求是不一样的吗？考虑到我们现有的监管政策和资本项下外汇管制衍生出来的多样化的发行结构，债项评级和主体评级的关联度也是不一样的，资本工具中不同条款对于评级的影响也不一样，还有专门为国际评级服务的承销机构里面的评级顾问的特有价值等。本章中，我们还访谈了中资美元债市场上的主要参与方、发行人、承销商、投资者和评级顾问，展示了他们的真知灼见。

第一节 中资美元债市场和国际评级的10年黄金时代

现在大家一说资本市场，第一反应就是股票市场，殊不知债券市场也是重要的一部分。股票市场有很多个人投资者，而债券市场上以专业机构投资者为主。曾经有一段时间，中资美元债市场上的房地产美元债以平均超过10%的回报吸引了香港私人银行很多高净值人群。不过，无论媒体覆盖还是市场关注度，股票市场都比债券市场大得多。其实，在成熟的资本市场，债券融资市场的规模是大于股票市场的，因为发行股票成本昂贵，摊薄股东权益。例如2020年，中资公司在香港证交所募资额仅为2917亿元人民币，而当年中资美元债规模约为2000亿美元，是股票市场的6倍。

债券是发行人发行的一种金融工具，在发行的时候约定了期限、利率、付息安排和其他发行条件。这些年，因为中国发行人在境外发行成为常态，大家对中资美元债市场的了解也增加了很多。为了方便理解，我们在这里先明确定义中资美元债市场。中资美元债指的是中国发行人在中国境外市场发行的以美元计价的债券，经过过去10年的快速发展，中资美元债已经成为全球仅次于美国境内美元债的第二大美元品种。在中资美元债市场，比较流行的期限是3/5/7/10/30年，以及资本工具的无期限。因为这本书的主题是信用评级，而且我个人的专业和经验也限制在信用评级领域，所以我们讨论的重点是中资美元债市场对评级的影响，以及中资发行人的国际评级对它们发行美元债的制约和推进。如果各位对中资美元债市场有更浓厚的兴趣，例如希望了解发行流程、发行条款和债券定价机制等，可以再找相关专业书籍参考。

中国最早的外债是中信集团在1982年发行的100亿日元的12年债券。在2010年以前，中资美元债的影响力非常有限，主要是地方窗口公司和民企发债，规模不大；而且由于若干违约事件，例如著名的广东国投违约等，市场信心严重受挫。再加上当时美元融资成本比较高，中资美元债市场在2010年前基本属于冰川时期。

2010年开始，中资美元债开始经历兴起、快速发展、整合的阶段，年发行规模从2010年的近200亿美元，增长至2020年的近2000亿美元，增长幅度为10倍。中资美元债市场还发展成美国本土债券市场之外最大的离岸美元债市场，占亚洲美元债市场的一半规模以上。中资美元债爆发性增长是在2015年9月14日，国家发展和改革委员会发布《关于推进企业发行外债备案登记制管理改革的通知》（发改外资〔2015〕2044号，简称2044号文）。记得当时我们经常关注发改委的备案登记更新，只要发改委更新了新备案的公司名字，我们就把它们当作了新评级的候选人，找各种渠道，当然最重要的渠道就是中外资承销商团队，去拜访公司介绍标普全球评级。2017年，中资美元债发行规模首次接近2000

亿美元，其中房地产美元债增长速度最快，占比也由2015年的8%快速增长为18%。而城投债始于2015年的青岛城投，从东部省份快速扩展到西部，城投公司也从省会城市、计划单列城市下沉到了四线城市。截至2022年一季度，中资美元债本金存量金额近万亿美元，存量债券超过2000个。中资美元债的发行主体集中在金融、地产、城投板块，存量规模分别是2800亿美元、2200亿美元和800亿美元，占比分别是28%、23%、9%。当然，2022年是中资美元债的分水岭，市场规模、行业构成等随着近期房地产的溃败将有重大变化。例如2022年上半年美元债发行一共只有600多亿美元，差不多仅为上年同期的一半，而房地产美元债发行只有区区22亿美元，是2021年同期400亿美元发行量的零头。

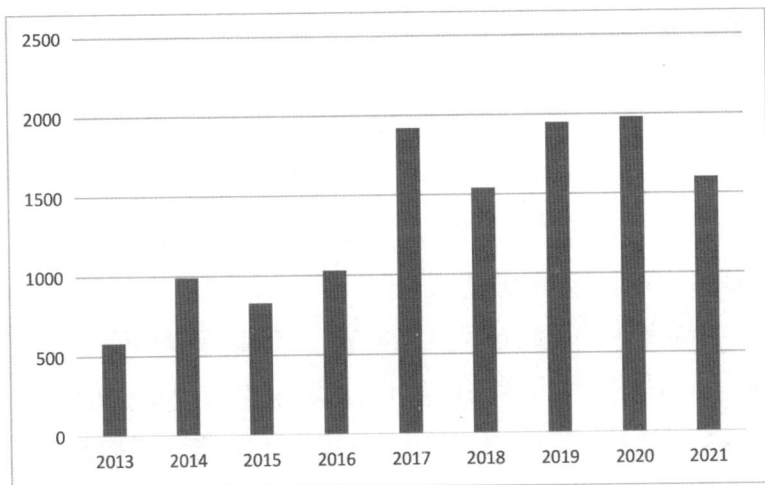

图4-1：2013—2021年中资美元债发行规模（亿美元）

资料来源：彭博

中资美元债市场的投资者在这些年变化非常大。2016年以来，新发行债券的亚洲投资者超过90%，欧洲投资者比例约低于10%，美国投资者基本可以忽略不计。而亚洲投资者中，60%左右来自离岸中资资金，15%左右来自在岸中资资金，余下的主要来自日本、韩国、新加坡、菲律宾等亚洲国家。而在亚洲其他国家的境外债发行中，欧洲和美国投资者所占比例为20%~30%，差别还是非常大的。现在，中资投资者占中资美元债的比例已经超过80%了，他们对国际评级的要求没有那么严格，导致中资美元债中无评级债券占比比较高，已评级债券中以投资级为主。目前存量中资美元债中，投资级为37%，非投资级约为16%；无评级比例最高，为47%，而在2018年时，无评级债券比例只是15%。这可能是因为公司想要避免公开低评级发行，那样会造成发债成本更高，或者是为了规避中国监管的期限只有364天的短期债券；也有可能公司不希望对外披露较多的信息。在和承销机构交流时，他们也提到这一点。现在香港金管局也关注到了无评级债券的风险，要求在港金融机构投资无评级和非投资级别债券比率不能超过所有投资的10%。

中资美元债的发行规则主要有3种：美国证券法中的Reg S规则，144A规则和在美国证监会注册的发行规则。Reg S条例是从《1933年证券法》的第5条例修订而来，主要是针对非美企业在美国境外发行美元债的监管豁免条例，因为限制比较少，灵活度高，是大多数发行人的首选。144A条例是根据美国证监会《1933年证券法》的第144条修订而来，主要是针对非美企业在美国境内发行美元债的监管豁免条例。也有少数发行人因为是在美国上市的，例如百度和中海油，考虑到股票发行已经建立了良好的投资者基础，会采用最严格的美国证监会注册发行规则。下面我们对这3种发行规则做个比较分析，发行人会根据融资规模、灵活度、市场情况选择适合自己的最佳发行注册格式。

表4-1：中资美元债发行规则比较

规则	Reg S 发行规则	144A 发行规则	在美国证监会注册发行规则
评级	最好1—2家国际评级，也可以无评级	最好2家国际评级	最好2家国际评级
目标投资者	欧洲、亚洲机构投资者及离岸美国机构投资者	可包含美国合格机构投资者（QIB）的全球投资者	可包含美国零售投资者在内的全球投资者
优势和劣势分析	比较灵活，但是无法扩展到美国零售和机构投资者，传统上对发行规模有限制	对于美国市场比较熟悉的例如互联网和油气行业发行人，采用144A规则的边际效益较为可观，因为美国机构投资者中高质量长线基金很多，大多数情况下可以显著扩大发行规模及定价过程	对于已经在美国上市的公司，可以直接沿用已有的披露信息，边际成本有限且效率比较高，同时可以覆盖最大范围的投资者
信息披露	相对灵活度最高	相对严格，对法律顾问和审计师的责任义务要求更高（如需要法律顾问出具10B-5法律意见书）	最严格，但可以基于发行人已有的披露和监管义务
审计会计报告	需要2~3年审计报告	需要3年审计报告和管理层讨论章节，最近一期的财务数据有效期不得早于债券发行日135天	需要3年审计报告和管理层讨论章节（美国上市公司本身有季度财务数据披露要求）
占中资美元债比例	>90%	约9%	1%,主要为在美国上市的互联网公司

资料来源：根据公开信息整理

从上表可以看出，144A规则的发行要求严格，好像对发行人不利。但是，很多在美国上市的发行人，或者是股票、债券投资者中美国机构投资者较多、发行规模比较大的发行人会选择144A规则发行，这样可以成功地扩大投资者基础，有利公司股票和债券的二级市场。这些年，中资美元债的投资者组成变化很大，从一开始的以吸引欧洲和美国投资者为主，到现在中资投资者占了80%以上；一般情况下，为了满足投资者的需求，发行人还是会取得国际评级的。我访谈的中资投资者和外资投资者也谈到，由于中国香港金管局要求金融机构投资非投资级别/无评级的债券不能超过总投资的10%的比例，银行内部风控部门从审慎角度出发，将这个比例掌控在8%。因此，即使中资银行对发行人比较熟悉，发行人最好也取得国际评级。一些发行人不取得评级，部分因为不方便披露信息，主要是信用状况不是很好，或者是债券期限只有364天。

读到这里，大家可能会产生的一个疑问是：为什么144A发行规则和美国证监会注册发行规则需要双评级，特别是需要标普全球评级和穆迪的双评级？2007年，Fabian Dittrih（德国多特蒙德应用科技大学管理学院教师）在《信用评级行业：竞争和监管》的研究中展开了深入和广泛的研究。

为什么要双评级　　　　　　　　　　　　　　为什么是标普全球评级和穆迪

- 更多的信息
- 监管要求双评级
- 双重监督的标准
- 投资指引

标普全球评级和穆迪

- 最好的声誉
- 投资基准
- 认可的尽职调查
- 可比的评级方法
- 投资指引

图4-2：为什么144A发行规则和美国证监会注册发行规则需要
双评级，特别是需要标普全球评级和穆迪的双评级

资料来源：《信用评级行业：竞争和监管》，Fabian Dittrih，2007

- 更全面的信息：从投资者角度看，双评级可以给他们提供更多信息，和他们利用多家股票研究机构的信息来决定股票投资决策如出一辙。如果投资者认为双评级的债券风险相对比较低，他们愿意承担相对比较低的收益。从发行人角度看，如果债券利息的降低足够弥补第二个评级，那么额外的成本就是更多的信息而已。当然，第一个评级已经提供足够的信息了，双评级最大的价值在于多一层评级机构认证的保护。

- 监管要求：例如共同基金只能投资双评级的债券。

- 有些发行人用双评级展示了他们愿意接受第二家评级机构考察，提供更多透明度的决心。当双评级成为一种主流，那么投资者对单评级的发行人难免心生疑虑，这些发行人需要向市场解释为什么他们不愿意有双评级，如果只说节省成本是难以去除投资者的疑惑的。

- 双评级成为常规操作后，大部分投资者会指定投资指引为双评级，他们在日常投资生涯中没有意愿背离这个指引，因为对他们而言，背离会产生额外成本和风险。万一出现法律纠纷，投资者可以说他们已经使用评级作为慎重决定的前提了，这也是自我保护的一种策略。在2002年一次对387位美国共同基金投资者的访谈中，43%的投资者反馈他们必须严格遵守双评级的投资规则（Baker and et al, 2002）。

由于标普全球评级和穆迪在投资者看来享有最好的声誉，大量的公开评级具有可比性，而且很多量化产品的投资基准要求只能投资有这两家评级机构评级的债券，所以在美国市场，标普全球评级和穆迪的双评级成为市场常态。

一开始，美国投资者在中资美元债市场还占有一定比重，中资美元债市场也比较按照成熟的资本市场规则运行，因此很多发行人按照美国教科书式的标准选聘标普全球评级和穆迪。后来随着评级选购的流行，惠誉作为"第三个评级策略"成为市场主流。对监管部门而言，他们也只看最好的评级。例如，中国香港金管局规定香港金融机构所有债券投资中无评级或非投资级别债券占比最高只能是10%，城投公司发债意愿非常积极，为了应对此项规定，承销商"评级选优"，聘请一家能够授予其投资级别的国际评级机构就可以了。大量的城投公司，包括三四线城投（例如衢州、赣州城投公司），都是压着BBB-的最低投资级别发行美元债的。我写到这里的时候，联想到名满天下的特斯拉奋斗了8年的评级路，特斯拉至今还在BB+努力冲投资级；中国的优等生龙湖地产坚持审慎的财务政策和专注的业务策略，也花了5年才从BB+提升为BBB-投资级。

我找了如下几个在2011年以前只有标普全球评级和穆迪评级的案例，惠誉都在若干年后给这些发行人授予了高于另外两家评级机构的评级——证明了惠誉作为"第三个评级策略"在中资美元债市场是非常成功的。

表4-2：惠誉授予标普全球评级/穆迪客户的初始评级案例

	已经公开评级			初始评级		现在公开评级
	标普	穆迪	评级时间	惠誉	初始评级日期	标普/穆迪/惠誉
新奥能源	BBB−	Baa3	6 年	BBB	2011 年 4 月 29 日	BBB/Baa1/BBB+
中冶集团	BBB−	Baa3	5 年	BBB	2016 年 12 月 22 日	BBB+/Baa1/BBB+
中海外发展	BBB	Baa2	8 年	BBB+	2013 年 2 月 19 日	BBB+/Baa1/A−
碧桂园	BB	Ba1	7 年	BB+	2014 年 5 月 4 日	BB+/*Baa3*/BBB−
龙湖地产	BB+	Ba1	5 年	BBB−	2016 年 1 月 11 日	BBB/Baa2/BBB

资料来源：彭博，截至2022年4月1日

备注：黑体为正面展望，斜体为负面展望，其他为稳定。

可以发现，惠誉授予这些公司初始评级时，评级基本上都高于其他评级机构一级。而随着评级时间延长，标普全球评级/穆迪和惠誉对于这些公司的评级的差别在逐渐减小（只有对中海外发展的评级，惠誉的评级是A−，比标普全球评级/穆迪分别都高了一级；标普全球评级对新奥能源和碧桂园的评级都低于穆迪和惠誉一级）。在我们访谈国企发行人时，有发行人也提到了一样的观点，认为现在评级上调比较明显。当然，发行人强调级别的提升还是有底线的，例如不是每一家央企的评级都是主权评级。在上一章我们讨论腾讯/百度、康师傅/旺旺的案例时，曾提及新的评级机构进入市场时，会为了提高市场占有率而采取调升评级的举措。有专家认为声誉比较低或者没有声誉的新评级机构进入的时候，为了提高市场占有率，最有效的手段就是高级别竞争。比较有名的是瑞典斯德哥尔摩经济学院金融系教师贝克尔（Becker）和米尔本（Milbourn，2011）做过的一项研究，研究显示，惠誉作为新进入市场的第三大评级机构，它的市场份额增加导致了标普全球评级和穆迪的评级质量降低：信用级别提升，信用级别和市场隐含收益相关性降低，信用评级预测违约的能力弱化。他们的研究表明，在竞争程度比较低的时候（惠誉的市场份额在25%），投机级别的公司在3年内可能违约的数量是投资级别的7.7倍，而在竞争程度比较高的时候（惠誉的市场份额在75%），这个差异下降到了2.2倍。

伴随着监管政策的成熟和市场的发展，中资美元债的发行方式主要有以下5种。下面我们从评级的角度比较5种发行方式下，主体评级和债项评级的关系。

- 红筹发行：因为发行主体在境外，直接发行即可。如果发行的是高级债券，债券评级和发行人主体评级一样，发行方式简单明了，特别受投资者欢迎。早期的发债人例如中海外发展、海油都是采用的这种方式。很多房地产公司也属于红筹发行。中资美元债开始发展阶段以红筹发行为主，2044号文发布以后，才有越来越多的中国发行人以直接发行或担保的方式发行境外债券。

- 直接发行：中国境内公司直接去境外发债。如果发行的是高级债券，债券评级和发行人主体评级一样，这是最直接简单的发行方式，也特别受投资者欢迎。但是发行人需要给境外投资者支付税金。资金可以调回境内使用。

- 担保：中国境内母公司给境外发行债券的子公司或者为发债专门成立的特殊用途公司（SPV）提供担保。如果发行的是高级债券，债券评级和发行人主体评级一样，跨境担保具有法律效力，受投资者欢迎。资金可以通过外债或股权投资等方式直接或间接调回国使用。因为发行人不需要为国际投资者承担税金，具有成本优势，因此这个发行方式境内发行人最常用。

- 维好协议发行：这是2013年的时候通用的发行方式。境内公司取得评级，和境外发行人之间签署维好协议，保证持有一定比例的股份并提供流动性支持，不会出现破产现象。这种发行方式的资金回流和税务对发行人都有利，但是对投资者的信用风险高。惠誉曾经对于维好协议下的债券发行等同担保，评级是一样的。穆迪是低了一个级别。标普全球评级并不认可维好协议（标普全球评级采用集团公司方法论，视发债主体在集团公司的重要性决定发债评级）。第一家采用此种方式的是2011年的中石油，后来很多行业例如房地产、金融租赁公司和资产管理公司都用这种方式发债。不过，在北大方正违约案例中，法院最后判决北大方正集团对维好协议下发行的境外债券不存在担保责任；自此之后，市场对这种结构的发行方式存疑更大，现在越来越少公司使用这个结构发行。

- 备用信用证发行（SBLC）：有些发行人因为自身信用比较疲弱，或者不愿意披露公司信息，因而取得银行备用信用证发行。那么债项评级和提供备用信用证的银行评级一样。当然，备用信用证会产生额外成本，1年在1%~2%。紫金矿业在2011年7月成为首家用SBLC发行债券的企业。每年都有一些企业通过该方式发债。近来，因为市场非常波动，也有不少民企和城投公司通过这种方式发债。投资者对有银行加持的备用信用证发行是比较信任的。

以过去10年来看，中资美元债的主要发行人构成变化还是挺大的。整体来看，2022年以前，需要大量资本的房地产公司一直是中资美元债市场常客。细分来看，从2012年开始，央企和地方国企开始成为稳定发行的主体；IT公司里在2011年率先发行的是腾讯；金融机构在2013年后成为市场最大的发行主体，除了高级债，还发行二级资本债和AT1等资本工具以满足资本要求。现在如日中天的城投公司是最晚参与中资美元债市场盛宴的。城投公司第一批发行人中，北京基础设施投资公司在2014年亮相中资美元债市场；随后在2015年，青岛城投等公司登场。大家都没想到城投公司后来成了这个市场的主流，而且城投公司发行美元债除了筹集资金，还有其他目的，例如提高国际形象和知名度，资金回到境内算是完成了招商引资的KPI等。经常被大家忽略的是民企的产业公司，无论是光伏企业还是山东的制造公司，都如天边的烟花一样转瞬而逝，很多以违约结束；硕果仅存的几家产业公司都是行业龙头，例如美的、蒙牛和伊利。

我刚进入信用评级行业的时候，最早接触到的除了发行人，就是承销商了。根据久经财经统计，2021年全年中资离岸债券承销商前50排行榜中，中资金融机构有27家，前5家中资承销商分别是：中国银行（5.39%）、中金公司（4.82%）、工商银行（4.24%）、交通银行（3.49%）和中信银行（3.39%），合计占排行榜份额21.33%。大家从下面这张表中可以体会到什么叫作时光穿梭机：10年前由外资承销商垄断的市场，如今沧海桑田，在2015年超过50家中资金融机构取得债券承销牌照后，现在是中资金融机构的天下。所以，现在市场上也有这么一个说法，中资美元债市场从发行人、承销商到投资者都"国产化"了，这个外债市场从一开始以国际资本市场规则吸引外资转化成了"假外债"市场。

表4-3：2021年中资美元债承销机构前9名

排名	承销机构	承销金额（百万美元）	百分比（%）
1	中国银行	9094	5.39
2	中金公司	8130	4.82
3	工商银行	7161	4.24
4	汇丰银行	6258	3.71
5	摩根大通	5953	3.53
6	交通银行	5885	3.49
7	中信银行	5718	3.39
8	渣打银行	5470	3.24
9	花旗银行	5413	3.21

资料来源：久经财经

作为评级机构，我们和承销机构的投行团队打交道不多，联系更紧密的是评级顾问。因为这些顾问都在香港，我那时基本上每两周都会去香港出差，拜访评级顾问们。他们很多人都具有分析师背景，了解三大评级机构的方法论和各种评级案例，经验丰富，可以协助客户很好地准备评级资料，协调评级流程，把控时间，准备管理层会议等。规模大的外资银行的评级顾问团队规模也不小，他们大部分都在香港工作，不但支持中国的债券承销团队，也同时支持其他国家的评级业务。评级机构也会定期举行研讨会，和评级顾问交流新的信用观点，收集市场反馈。我在本章中也专门访谈了评级顾问，展示了他们对于评级顾问价值、对于评级选购以及对三大评级机构的看法。

我们在上一章介绍了中国发行人评级的情况，这里会专门介绍企业和金融机构资本工具的债项评级情况。企业为了改善报表，金融机构为了满足监管的资本要求，都有积极性在境外发行资本工具；企业通常是发行次级债，金融机构发行二级资本债和AT1。企业次级债基本都是穆迪评级的，以2022年4月6日中国电建发行的次级永续债为例，穆迪给出的主体评级为Baa1，次级债评级为Baa2，比主体评级低了一级。如下是穆迪对中国电建次级债评级的媒体宣传稿片段：

拟发行的次级永续证券的Baa2评级反映了：（1）中国电建所提供的无条件及不可撤销的担保；（2）由于该证券的次级从属性质，在中国电建Ba1的基础信用评估

（BCA）的基础上向下做出的1个子级的调整；（3）3个子级的评级提升，依据是必要时中国政府（A1/稳定）提供特殊支持的可能性为高。这些证券的受偿顺序后于中国电建的高级无抵押债务，但优先于其初级次级债务和普通股。

虽然拟发行的永续证券具有累计递延支付票息选择权等某些混合证券的特征，穆迪将其视作100%债务类证券，原因是第5年证券票息将大幅跳升300个基点，这令公司有强烈动机提前偿付上述证券。

不过，若穆迪认为中国电建在证券违约之前可能大规模延期支付票息，穆迪有可能下调上述次级永续证券的评级。

因为标普和惠誉的次级债评级方法论对于发行人不利，因此基本没有对中国企业发行的次级债评级。针对金融机构发行的资本工具，各家的评级方法论也有所不同，因此对于大的金融机构的优先股、AT1和二级资本债的评级呈现多样化；规模比较小的银行发行的资本工具基本都是无评级的。

表4-4：中国金融机构二级资本债和AT1发行情况

	标普全球评级	穆迪	惠誉
中国银行优先股	BB+	Ba1	BB+
中国工商银行 AT1	NR	Ba1	NR
中国建设银行二级债	BBB+	NR	BBB+
信达资产 AT1	NR	B1	NR

资料来源：根据彭博和公开信息整理，截至2022年4月12日

穆迪的方法论是优先股评级低于独立评级2级，以反映资本工具的劣后顺序和这些优先股可能会全部或部分转成H股的风险。惠誉对系统重要性银行优先股评级是以发行人评级为基础下调5级，对于系统重要性银行二级债是以发行人评级为基础下调2级。而标普全球评级对于优先股的评级是以独立评级为基础下调4级，对系统重要性银行二级债是以发行人评级为基础下调2级。

从发行情况看，每年四大行债项评级规模近40亿美元。中资银行境外发行的优先股较于欧美优先股评级更低，利率比较高；不过二级债发行评级与欧美银行相差不大。

这些年中资美元债市场也目睹了违约案例的发生，从一开始带诅咒的农林牧渔圈扩大到曾以为金刚不坏体的国企（例如清华紫光、天津物产），还有每次都能起死回生的房地产公司。2015年，佳兆业美元债出现违约，成了第一家在境外违约的中资房企；2016年，山水水泥因控制权变更引发回售但公司未能按时履行回购义务而出现违约；2017年，受供给侧结构性改革影响，产能过剩行业盈利改善，融资环境好转，加之维稳力度较大，当年

境外美元债未发生违约。整体看，2015—2017年中资美元债违约情况较少；从2018年开始，违约慢慢变成常态。2021年，因为经济放缓和房地产市场的三道红线紧箍咒，违约公司和金额急剧上升。2022年上半年，由于房地产公司违约潮不断，已有20家中资公司发生违约，违约规模为130多亿美元（其中超过90%都是房地产公司）。

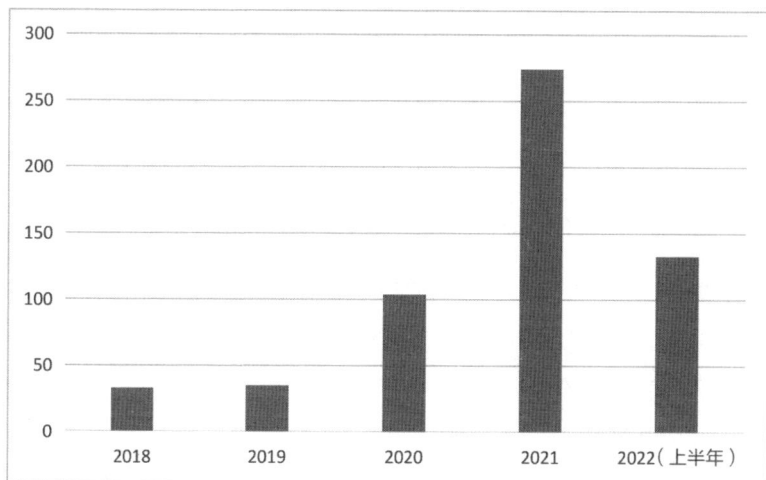

图4-3：2018—2021年底中资美元债违约金额（亿美元）

资料来源：彭博

从上图看，违约金额不断增加。事实上，除了天津物产和重庆能源违约前3月还是投资级，其他违约的公司都在较低的非投资级别，这在第三节恒大评级迁移图中将有所展示。下面是这两家公司违约前评级下调情况：

重庆能源：

2021年3月10日，惠誉下调了重庆能源集团的评级，从BBB直接下调为RD（限制性违约）。惠誉称，截至2020年9月末，重庆能源集团拥有现金流105亿元，其中很大一部分受到限制，不足以弥补约160亿元的短期债务。重庆能源集团一直在制订解决其流动性问题的计划，包括处置非核心资产，以及在政府的帮助下解决与放款人的遗留债务负担。但没有实质性进展可以立即缓解其流动性压力。

天津物产：

2019年4月9日，将天津物产评级展望下调到负面展望，以反映流动性紧张的问题，评级维持在BBB。

2019年4月19日，因为对天津政府信用状况的内部评估降低，天津物产评级从BBB下调到最低的投资级别BBB–，维持评级负面观察状态。

2019年4月29日，将天津物产评级从BBB–下调到B–，下调幅度为6级，负面展望。因为流动性问题和实际杠杆率高于预测，公司触及了评级下调的标准，独立评级从BB下调到CCC+，同时下调了外部政府支持力度，天津市财政对天津物产的支持由强改为适度。

2019年7月9日，因为缺乏足够信息维持评级，惠誉撤销天津物产评级B–评级。

第二节 冰火两重天的房地产行业和城投行业

如果说发行人基本能够在全球国际评级找到可对标的公司，那么城投公司和房地产公司绝对属于中资美元债市场独一无二的风景。因为每家评级机构对城投公司的定义可能不一样，我们以穆迪截至2022年3月底的城投评级为例。穆迪有49个城投评级，41个都是投资级，其中A级的有12个、Baa级的29个，占了84%；非投资级别的公司只有8个，不过也都在Ba的最高非投资级，比例只有16%。主权评级A1的城投公司有北京基础设施、北京保障房和广州地铁。

因为每家评级机构对于发行人的观点不一样，为了具有可比性，我以穆迪为例。58家房地产公司中，只有12家为投资级别，主要都是国企房地产公司（例如中海外、华润置地、保利地产等，以及一枝独秀的龙湖、万科），占比为20%。在穆迪12家投资级别房地产公司中，远洋地产和越秀地产我们在上一章的案例中提到过，标普全球评级都撤销了这两家公司的评级，而碧桂园的标普全球评级是BB+。剩下的46家公司都是Ba到C的非投资级别，而且B评级的公司最多，占了所有房地产发行人的20%。

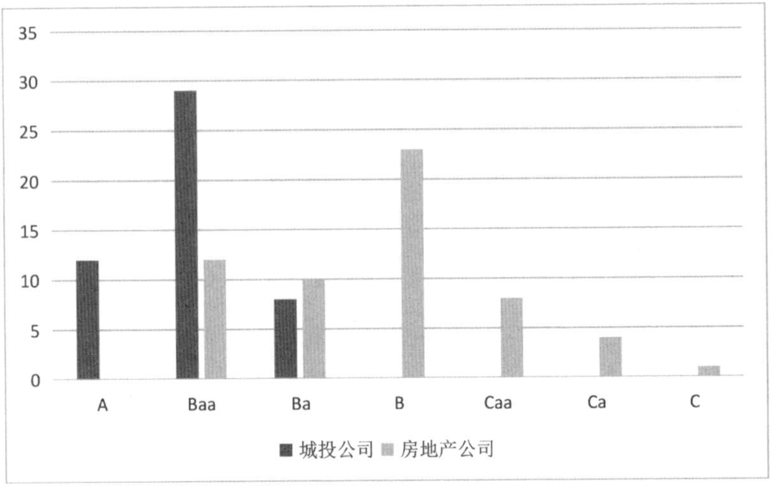

图4-4：穆迪城投公司和房地产公司评级分布图

来源：彭博，截至2022年3月31日

城投公司发行的债券到目前已经有800亿美元。因为城投公司用款在国内，存在货币不匹配的汇率风险。在债券总数可控的情况下，我们期待这些城投债发行人可以再融资还本付息。不过，无论是穆迪还是惠誉，对城投公司的评级都是由上往下的，投资者难以对公司自身的独立评级有所了解，这样城投公司一直可以用很高的评级融资，融资规模也没有约束。而且从投资者基础看，大部分投资者都是国内银行，因此城投公司在境外发债并没有起到吸引更多国际投资者的作用。另外，绝大部分发行都是私募，只有几家银行购买，如果出现任何风吹草动，那么很难找到其他投资者分散风险。大家应该多关注这个风险。当然，中国和国际市场上的投资者都在讨论城投信仰。无论是发行人还是投资者，或是任何市场参与方，我们都希望信仰一直维持下去。

2022年，出现了房地产和城投公司冰火两重天的情况：房地产公司违约、降级、撤销评级。房地产公司评级分布偏低，收益率很高，到了2021年下半年，监管的三道红线将信用疲弱的房地产公司推向违约或者违约边缘，股债双杀，投资者损失惨重。城投公司则频繁出现新评级，评级从省、市到县，评级稳定。大家已经忘记了中资美元债远古时代，窗口公司曾经也是这个市场的最主要的发行人；后来因为缺乏主业的支持，杠杆高企，广东信托、粤海、福建信托等窗口公司最后违约，给投资者带来巨大损失。

如下是市场关于城投和房地产的观点，基本上可以代表市场主流看法。

2022年4月，穆迪表示：

• 城投公司继续在公共基建投资中发挥重要作用，有大量再融资需求

• 由于投资者规避高收益房地产发行人，城投公司将是2022年最大的境内外市场发行人类别

穆迪投资者服务公司在最新报告中表示，2022年中国城投公司将保持其在境内外债券市场中的领先地位，虽然在境内市场发行量增长将放缓，其境外发债规模增长势头将继续。

穆迪副董事、总经理钟汶权表示："巨大的融资和再

融资需求将支持中国城投公司在2022年继续成为境内市场最大的发行人类别。此外，城投公司在2021年下半年已占到中国企业发行人境外债券发行总量的38%，超过了中国房地产开发商17%的占比。"

穆迪分析师翟劲表示："由于投资者规避高收益房地产发行人，我们预计2022年中国房地产开发商的境外发债规模将缩减。与之相反，境外城投债需求将依然强劲，发债规模将持续增长，这得益于354亿美元的境外债券再融资需求以及为数不少已获监管批准的首次发行人。"

约90%的境内城投债发行人尚未涉足境外市场，而境外市场可提供城投公司融资渠道的灵活性，并帮助其将所在地域与国际资本市场相关联。此外，中国金融机构海外子公司等投资者的需求历来十分强劲，因为这类机构比较了解城投公司情况，并持有同一发行人的境内债券。2022年前两个月，城投公司是境外债券市场最大的发行人类别，占中国企业境外发债总量的28%。

地产评级凉了

2022年6月29日　撰文：乐居财经曾树佳

6月将尽，房企又迎来了上交年中答卷的关键节点。但在这个节骨眼上，国际评级机构释放出的评级报告，仍在搅动着舆论的波澜。

6月28日，穆迪将远洋集团的Baa3发行人评级列入评级下调观察名单。该评级机构表示，如果评估远洋的合同销售额和财务指标在短期内不太可能改善，可能会下调该公司评级。

而近来，海伦堡、碧桂园等一批房企，均被三大评级机构之一的穆迪调低了评级。海伦堡见状不淡定了，它直呼"不解与失望"，并晒出自己的流动性数据，宣布申请退出评级行列；碧桂园则直接提前回购了一笔4.11亿美元票据，给予了回击。

这是眼下房企与评级机构之间，互相博弈的缩影。

自去年下半年以来，标普、惠誉、穆迪基于对中国收紧的地产环境，陆续对多家房企进行评级下调、展望负面，高达250余次。部分地产商或不太认同，或难以承受重压，都主动申请放弃评级，以作权宜之计。

但这也意味着，他们放弃了在公开市场发债融资的机会，非同小可。

房企"撤评"的背后，是经过多层深思熟虑的。行业下行之际，他们原本就承受着较大的流动性压力，若是加上评级带来的负面"飓风"，确实有点难以招架。

于是他们干脆先发制人，主动放弃评级，以免被负面舆情弄得焦头烂额。大不了等到春暖花开、走出困境的时候，再重启评级，引入融资。目前这招"趋利避害"的举措，广受上市地产公司的追捧。

评级撤销潮

站在悬崖边上的地产商豁出去了。自去年以来，越来越多的房企对标普、惠誉、穆迪等国际评级机构提出撤销、退出评级的申请，而评级机构也如其所愿，表示不再对他们的经营境况进行评判。

据乐居财经不完全统计，已有新力、祥生、佳兆业、奥园、雅居乐、融创、龙光、华夏幸福、绿地、花样年、世茂、中梁、鑫苑置业等近30家房企，主动申请取消评级。

其中的前后操作几乎千篇一律。

先是评级机构宣布，下调某房企长期发行人信用评级、高级无抵押票据评级等，甚至列入负面信用观察名单。这一发声，相关房企在市场上的负面消息便不断发酵，他们或不认同评级，或难以承受重压，便干脆放弃评级，落得耳根清净。

之所以会出现这种情况，是因为随着调控的深入，出险房企不断增多，标普、惠誉、穆迪等对中国地产的前景产生了持续悲观的预期。

直至5月初，穆迪还发布报告称，中国房地产市场2022年销售仍将保持疲弱，支持性政策发挥效果仍需时间。因此它对行业展望为负面，反映合约销售乏力且融资环境偏紧。

其预计，2022年全国合约销售额将下降10%~15%，下降的主要原因是销售面积持续减少，但2022年下半年合约销售额降幅预计将收窄。信贷环境偏紧之下，销售下滑将继续使开发商流动性承压。

基于这种判断，评级机构常常挥舞着镰刀，不断"砍低"地产商的评级，有时候一扫一大片，令市场风声鹤唳。据不完全统计，2021年下半年地产下行以来，三大国际评级机构，接连下调受评房企评级或展望达250余次。

第三节　案例分析：往左走，往右走
——迥然不同的两家民营房地产公司

在国际评级市场上，往往是降级和违约会引起市场关注。在最近中资房地产公司一片降级、违约和撤销评级的大潮下，中国房地产公司龙湖公布消息，三家评级机构对其维持了BBB的评级、展望稳定。

龙湖　2011/3/2 2015/10/30 2016/10/28 2018/3/29 2019/9/5

图4-5：龙湖和恒大从取得初始评级以来的评级迁移

资料来源：彭博

龙湖第一次取得评级是在2011年，当时的评级是Ba/BB+；第一次发债是7.5亿美元，5年期限，收益为9.5%。历经5年，龙湖凭着严格的执行能力和对资本市场的承诺，终于升级到了投资级别。

2011年3月2日，龙湖首次取得BB+评级。如果公司销售和利润严重降低，息税折旧利润/利息比率小于5倍，债务/资本比例高于50%，现金留存低于30亿元人民币，则会导致降级。升级指标包括保持审慎财务管理政策，保证财务指标比以前3年出色，提升可持续性收入等。

2015年10月30日，得益于稳定的现金流和审慎财务政策，龙湖的评级展望调成正面。如果租赁收入对利息倍数低于0.5倍，负债/息税折旧前利润高于4倍，则调成稳定。如果租赁收入/利息开支高于0.5倍则升级，当然前提是保持审慎财务政策不变。

2016年10月28日，龙湖评级因为公司收入的稳定性和审慎的财务管理提升到投资级别BBB-，展望稳定。升级指标是稳定发展投资物业，展示良好的出租率，例如租赁收入持续超过一半的利息支出。

2018年3月29日，由于租赁收入稳定的提升和杠杆率的下降，评级上调成正面。提升评级的主要指标是租赁收入覆盖利息开支和负债/息税折旧前利润指标接近3倍，如果该指标超过3.5倍，则调回稳定。

标普全球评级在2019年9月将龙湖评级提升为BBB，原因是强有力的业务增长、租金收入和稳定的销售有助于利润稳定性。同时，公司保持审慎的财务政策和杠杆指标。如果公司租赁收入/利息开支在以后1年多未能超过1倍，负债/息税折旧前利润比率高于3.5倍等都可能导致降级。虽然在以后24个月内升级可能性比较低，但如果公司能够在保证杠杆率不升高的情况下明显提升市场地位，评级也可能上调。

恒大第一次取得评级是在2009年，当时的评级是B1/BB/BB+；第一笔债券是2010年发行的，规模为13.5亿元，5年期，收益为10%，是当时中国发行人规模最大的债券。

然后，随着恒大迅猛扩大业务，并且扩展到了其他领域，其评级从BB一路下调，终于在2021年下半年违约。

我在这里就不罗列恒大评级一路下调的原因了，无非就是犯了绝大多数公司都曾经犯的错：不断提升的杠杆率，多元化的陷阱；在发展主业的同时，无序地扩张商业版图使得资金链断裂。这是许多辉煌过的企业走向衰落时都犯过的错。恒大的主业房地产其实一直在盈利，但是诸如恒大粮油等产业，规模做得也不小，但想赚快钱的恒大集团在民生市场坚持了几年不见收益便又将之放弃；一进一出民生市场，即便项目再好，恒大地产再赚钱，也经不起这么折腾，况且还不止恒大粮油，恒大集团还投资了诸如恒大乳业、恒大冰泉、恒大旅游、恒大金服等多项产业。

最为外界熟知的就是恒大进军了中国足球行业，成立了恒大足球。可以说，恒大足球取得的成绩给恒大这块招牌镀了不少金，增加了相当的品牌影响力。但是不可忽视的是，这个投资金额超过130亿元人民币的恒大足球项目，累计亏损高达25亿美元。

再反观恒大其他多元化产业，不是半途而废就是市场反馈不温不火，所以说，恒大陷入危局的隐患一早就藏在公司的战略布局上，只是恒大的掌舵人和高管们不自知而已。如今的兑付危机也算是意料之中的事。

2021年12月17日，标普全球评级表示，将中国恒大长期评级从CC（违约风险非常高）下调至SD（限制性违约）。应集团要求，标普撤销了对中国恒大及其附属公司恒大地产、天基控股的评级。

第四节　全球信用评级面面观：
访谈投资者、发行人和承销机构

信用评级的公共属性，让市场各参与方从自己专业角度对信用评级都有不同的看法。我们在第一章关于信用评级机构业务模式的研讨中，也详细分析了利益冲突的问题。为了更直观地了解市场参与者的看法，我访谈了一些专业人士，聆听他们的真知灼见、反馈、建议和看法。部分人士不方便披露自己姓名和所在的公司，我对此做了相应处理。

访谈投资者

某大型固定收益公司董事总经理

2022年2月16日，北京

Q：请问您从事投资多久了？公司投资规模多大？中资还是外资？

我自己从事投资有大概20年经验。我们属于中资在境外的投资主体，管理规模大概2000多亿港币，在香港属于规模比较大的资产管理公司了。

Q：贵公司投资标的有特别规定吗？

有的。我们投资标的是需要有国际评级级别BBB-以上的债券，不限定于某一地区的。虽然我们办公室在香港，但面对的是全球市场，例如我们也会投资美国投资级别以上的债券。

Q：贵公司投资的债券有对国际评级的要求吗？如果有，评级要求是什么？例如BBB-以上才能投？或者高收益的不能超过总投资的某比例？

如刚才说的，我们投资指引要求所投资的债券需要BBB-（穆迪是Baa3）以上的评级，3家国际评级机构的评级都可以，最好有两家评级机构的评级，这样如果有一家评级机构降低了评级或者撤销了评级，我们不会被迫出售不符合我们投资指引的债券。考虑到评级的稳定性，我们以前要求评级至少要高一级，对标普全球评级和惠誉就是BBB，穆迪就是Baa。考虑到现在市场比较动荡，评级下调幅度可能会比较大，我们将评级要求提高到A-级别了，这样即使有负面评级调整我们也不需要被迫斩仓。另外，根据公司的投资指引，我们不能直接投资高收益债券，除非我们的投资者直接指定要投资某一高收益债券，我们才会执行他们的指示。

Q：从投资者角度看，您觉得全球信用评级给您带来什么价值？您的团队主要看评级符号还是读报告？和分析师交流有帮助吗？

我们很重视全球信用评级。除了刚才谈到的我们投资指引要求投投资级别。另外，因为我们的投资范围是全球的，我们认为分析师的独立观点能够让我们更好地了解评级机构对这家发行人的看法，例如某一评级机构的评级调整行动，我们需要了解他们为什么升级或者降级，前瞻性的观点是什么，即使我们不同意评级机构的观点，对我们帮助也很大，这有助于我们决定投资行动，例如出售债券还是持有，这有助于我们在和投资者的交流中提供更多独立的信息。例如投资者看到某一发行人的负面消息，问我们为什么不卖债券，我们知道更全面的信息后，就可以向投资者解释为何我们这样做决定。

Q：您怎么看待评级虚高和评级选购这两个问题？

我并不觉得投资级别以上的公司有明显的评级虚高问题，因为国际评级机构有透明一致的方法论、严谨的评级流程和全球可比的同行业的评级，因此评级是比较稳定的。但是，对于某些特定的领域，例如城投公司和房地产公司，因为这类公司的评级是带有区域特点的，如果一家给高了，那么其他同行公司的评级也会水涨船高，形成评级虚高的问题。不过这类公司的债券发行也不是市场化的，定价和评级也不挂钩，甚至有些投资者，就是某些中资银行，把这类债券当作贷款处理，这类城投债券也没有流动性。对于评级选购这个问题，我们理解，从发行人角度他们当然希望评级越高越好，但就像我刚才说到的，对于全球都有的公司，评级是可比的，问题不会太严重。另外，从投资者角度看，也存在利益冲突，已经买了这个债券和没有买债券的投资者态度也不一样。如果我们买了债券，BBB-的债券要被下调到BB+了，我们要被迫卖债，这样我们也希望发行人能够拿到另外一家BBB-的评级，这样我们就不用卖债券了。当然，如果我们没有持有这个债券，我们当然希望评级下调了，这样收益率会高一点。

Q：您觉得国际评级需要改进的地方有哪些？

我希望评级机构没必要和市场距离太近，这样容易人云亦云，丧失独立性，最后彼此影响形成一致的观点，一言堂对投资者而言价值不大，而且容易引起市场一窝蜂行为，极端情况下还会引起市场踩踏。我们希望各家评级机构保持独立性，即使观点不一样也没有问题，没什么对错之分，这样才不会引起市场一窝蜂的行为和市场踩踏。

Q：贵公司也有内评服务，您觉得外评（国际评级）和内评的关系如何？

刚才说了外部评级对我们的重要性，但我们的内评还是有价值的。例如有些投资由于历史原因，没有评级，或者评级撤销了，我们内评要维持对这些债券的研究和信用看法。还有刚才我们提到特定行业的评级虚高，那么我们的内评需要独立分析有自己的观点。我认为外评很重要，我们的内评和外评是互为补充的。但是内评不会取代外部评级服务的。

Q：您怎么看待近期房地产的违约事件？

大家都了解房地产行业的高风险和周期性，但是时间久了，大家就麻木了，监管从严引起信用踩踏事件。我觉得这个行业基本结束了，以后还能发债的房地产公司也是资质好的，例如中海、龙湖等，其他的就从市场消失了。

Q：您投城投公司吗？您觉得城投公司会步房地产后尘吗？

我们原则上不投城投，但是我们会选择性投资好的城投公司，我们会挑选一线大城市和沿海地区资质好的城投公司投资。我们不会投资小的城投公司。

Q：您接触过联合资信等中国内地评级机构在香港的分支机构吗？如果有，您觉得他们给全球机构投资者带来的价值是什么？

没有。我觉得这些中资在香港的评级机构不是站在全球投资者的角度，他们是从发行人角度出发，给发行人授予比国际评级高的评级，发行人当然喜欢，但是对我们没价值。

Q：您对国际评级和中资美元债市场一句话的总结。

国际评级和中资美元债市场高速发展已经过去了，中资美元债市场以后主要是国企和金融机构的战场。

访谈发行人

融资部总监，某大型国有企业

2022年3月8日，北京

Q：您是什么时候开始接触国际评级机构的？通过什么渠道了解的？

我们公司取得国际评级已经很多年，一直和国际评级机构保持密切沟通，我们和评级机构合作得很好。

Q：国际评级对您公司成功发行美元债重要吗？您使用了3家评级，为什么？他们的服务有什么不同？

在我们第一次到境外市场发债的时候，国际评级是挺重要的，因为国际投资者不了解我们，他们需要熟悉的评级机构的评级、研究报告来了解我们，决定是否投资我们的债券。即使3家评级机构给我们公司的评级不一样，我们第一次发债也会用3家评级的，因为这3家评级机构的声誉还是不一样的。简单说，我们第一次到境外发债，用国际评级作为我们的背书吧。后来我们经常到境外发债，投资者对我们越来越了解，我们就只用一家评级了，那是为了满足美国机构投资者的投资指引，他们需要国际评级。我们也关注到了海尔、华为发的都是无评级债券，因为海尔作为哈佛商学院案例，在美国很多人了解；华为业务国际化，这两家公司在国际上都有一定知名度。我们也在考虑以后在境外发债是否还需要国际评级。

我个人认为，国际评级对于民企非常有价值，因为大家对这些民企都不了解，国际评级机构的评级和报告能够帮助国际投资者了解这些企业，吸引他们的投资。

Q：您取得评级时用了评级顾问？您觉得他们最大的价值是什么？后来年度跟踪您有使用评级顾问服务吗？

我们会用评级顾问。对很多发行人来说，评级顾问是发行人和评级机构之间的桥梁，发行人依赖评级顾问和评级机构沟通。因为我们自己很了解评级，评级顾问主要帮我们完成技术工作，例如财务模型，其他的我们就直接和评级机构沟通。我们自信我们沟通得很好。年度跟踪我们自己就可以完成，不需要评级顾问。

Q：您怎么看待评级选购这个问题？

我个人觉得，国际评级是美国人的发明，美国人遵守他们的游戏规则。而我们中国人有自己的游戏规则。我们毕竟在中国，有些评级机构分析师也担心评级低了，我们就不用了，因此他们在合理范围内给出了对我们比较有利的评级，当然他们还是有底线的，不会每家大型国企都是主权级别。总之我觉得现在的平均评级水平比以前是高了。

Q：您怎么看待中资美元债市场？

中资美元债市场这些年变化很大，现在无论是承销商还是投资者，中资的机构都占了主流。而且发美元债的方式也和中国趋同了。例如我们会根据市场情况给出价格区间，然后招标承销商包销，而且我们不再进行市场化发行。在这种情况下，中资承销商有优势，他们在国内有很强的网络支持，希望能够通过和我们的合作扩大在境外市场影响力，所以他们能够提供非常优惠的条件。为了公平起见，外资承销商也要提供同样的条件才能取得我们的业务。我们最近发行的美元债，中资投资者占了60%~70%。

Q：您在国内也发行债券，您觉得国际评级机构和中国评级机构的不同之处是什么？投资者呢？

中国的评级基本都没有区分度。中国评级机构也有自己的方法论，但最后的评级都没有区分度。刚才我也说了，国际评级机构还是有底线的。我觉得中国评级改革有一定挑战。

因为监管降低外部评级依赖，我们现在发债不用评级，对发债没有影响。在国际上，我们不单在发债时做路演，我们每年都会举行非交易路演，当然这两年因为疫情停止了。所以，我们和国际投资者有很好的交流。

在中国，银行等承销商包销了债券，我们和投资者交流不多。我们很看重融资成本，讲究综合的成本优势，不会太在意投资者背景，例如是否是国际投资者。

访谈发行人

首席财务官，民营房地产公司

2022年3月18日，北京

Q：您是什么开始接触国际评级机构的？通过什么渠道了解的？

我朋友在国际评级机构工作，所以我对国际评级机构有一些了解，但真正了解国际评级是从我们第一次发美元债的时候。作为美元债市场出现的新名字，我们需要取得国际评级。

Q：国际评级对您公司成功发行美元债重要吗？您使用了两家评级，为什么？他们的服务有什么不同？

国际评级对我们发行美元债非常重要。第一次在美元债市场出现，投资人需要通过国际评级了解我们，他们会参考同行业同等评级的公司发行的债券情况研究、决策是否要投资我们，投资多少，定价多少。我们也很关注评级的稳定，如果评级展望负面，就意味着公司在未来24个月的运营较当前的情况有所恶化，在这种情况下投资者就非常想了解公司到底发生了什么，我们下一步的发展方向如何。我们和评级顾问合作很好，我们很信任评级顾问的专业性。一般情况下为公正起见两家评级就够了，不需要三家。他推荐了他熟悉的两家评级机构，我们自然就采纳了。

Q：您觉得评级顾问最大的价值是什么？后来年度跟踪您有使用评级顾问服务吗？

我们和评级顾问合作很好，评级顾问不单在初始评级和我们合作，他们一直协助我们跟踪评级服务，还有后续发债评级服务等。评级顾问很了解评级机构的方法论，又熟悉我们公司情况，可以帮我们很好和评级机构沟通，让分析师全面了解我们公司的情况，使得和投资者的沟通及时有效。

Q：您怎么看待评级选购这个问题？

我们作为民营的开发商，不觉得有评级虚高问题。我们老板经常认为我们评级太低了，觉得国际评级机构里面的分析师不了解我们，希望我们能够多做评级机构的工作。我们知道国际评级机构有自己的方法论、自己的原则，如果不是公司规模或盈利水平有实质性的提高，评级结果不会按照我们的期望随意上调。

Q：您怎么看待中资美元债市场？

现在回想起来，恍如隔世。中资美元债市场曾经是我们这些民营开发商融资的一个主要战场。我们在这个市场认识了很多投资者。我还记得一位外资投资公司的老先生，非常典型的老派投资者，一开始对我们不了解，没投我们。我们坚持每次在香港路演都去见他，和他交流，最后他也买了不少我们的债券。随着中资美元债的发展，市场上很多投资者对中资开发商的了解加深了，2017年前后可以说是民营开发商发债的黄金时代！我们也越来越受市场欢迎和投资者的信任，3年期限债券的融资成本从双位数下降到了单位数，基石投资者投资的金额也增大了很多。后来市场越来越浮躁，大家都急着加杠杆、做大规模。很多创新，例如364天的债、永续债等都出来了，还好我没有跟着发这些产品。对于目前的美元债市场我比较悲观，从去年开始的民营房地产债券危机意味着这个行业高歌猛进的时代结束了，投资人不得不接受开发商把债券展期，因为即使到期了他们也没办法再融资，哪里有资金还？整个地产行业的资金收紧和降杠杆使得大部分房企喘息困难，有些肯定不可能缓得过来了。这番洗牌后，市场上幸存下来的也就是国企背景的开发商和少数优质的民企开发商了。

你刚才问我如果当初在2017年市场环境比较有利的情况下，大家都自律，有长远规划，开发商的高收益市场是否仍会存在问题。我认为不能脱离经济发展的特殊时期和行业大环境来看待这个问题，如果我们的城镇化比例还比较低，例如40%，那还有空间。我们现在城镇化比例都突破60%了，还需要盖这么多房子吗？行业发展空间有限了，自然今非昔比了。

现在回顾过去，在整个行业高速发展的压力下，很少有公司能够沉静下来，主动放慢脚步，做好自己的事。老板们都争着做大规模，中国的百强排名主要看销售规模，而且大家都这么做，都想出了问题也不是我一家的问题，是系统性的问题，国家会出政策救市。结果整个行业一路高歌猛进的时候，国家出了三道红线的政策，强行要求降杠杆急刹车，于是整个行业不得不硬着陆，几乎就垮了。

Q：您在中国也发行债券，您觉得国际评级机构和中国评级机构的不同之处是什么？投资者呢？

中国投资者关注点不一样，他们很在意公司规模，例如销售额是否千亿，公司是否房地产百强。你知道销售额和财务报表上的收入确认完全是两回事。我们预售的房款可能在两三年后才完工，才能作为收入入账。中国也在意我们境外上市的形象，认为上市公司的公司治理比较好，信息比较透明，公司质量有保障。

访谈承销机构

某中资银行香港分行业务部总经理

2022年4月1日，微信电话

Q：您从事中资美元债承销工作多少年了？能简单介绍您的背景和经验吗？

我们银行是2014年拿到承销资质的，一直到最近这两年我转岗去负责银团和并购业务。我自己是一直在银行工作的。我自己去参加投标，当面解释/面试，回去后按客户要求微调方案，并且完成内部信贷审批，作为JGC角色参加发行日的定价和分配工作。

Q：您给客户发行美元债会推荐国际评级吗？为什么？

我们和客户介绍美元债发行都会推荐国际评级的。因为我们自己投资也需要评级，有评级对客户定价有帮助。我们每次都会和他们分析评级对定价的帮助。

Q：从您的角度，三大国际评级机构有什么不同？

如果是城投和政府融资平台，我们就推荐惠誉。因为惠誉比较容易给投资级别。如果是别的行业的，我们就推荐标普全球评级和穆迪，这两级公司声誉好。

Q：是否需要评级？为什么？谁要看评级？是投资者还是银行内部风控要求？评级对定价有影响吗？

评级很重要的。首先是金管局对我们金融机构有要求，我们最多只能投10%的非投资级别和无评级债券。我们银行从审慎角度出发，把这个指标定为8%。我们银行风险控制部门的要求是：不投非投资级别和无评级。当然，我们也比较欢迎备用信用证（SBLC）下的发行，这属于内保外贷，相对比较安全，我们愿意投资。SBLC担保的发行往往是无评级的，保费一般都是超过1%。但是市场波动的情况下，没有SBLC它们发不出来啊。所以你看最近SBLC担保发行很流行。

Q：您平时接触到投资者吗？他们的投资指引有评级的要求吗？

我以前比较多接触到的投资者是国企在香港的投融资平台。它们对于评级没有特别要求。这些公司投资了比较多的高收益房地产债券，损失不小。

Q：您的客户有国企和民企，他们发债方式有什么不一样吗？对于国企发债而言，包销是常态吗？

都有。国企容易发行，评级对它们没这么重要。民企一定要评级的。我们签的承销协议不是包销。

Q：您怎么看待评级选购这个问题？您会促使评级机构给高评级吗？

我们自己没有评级顾问，所以不给客户提供和评级相关的服务。我也推荐企业花几万美元找三大评级机构做不公开的初步评级，不过许多公司舍不得花钱。因此大投行内部有评级顾问的，就比较有竞争优势。就像刚才说的，如果是城投公司，我们就建议找惠誉，毕竟它们容易给投资级别嘛。

Q：贵银行对于城投行业和房地产行业的政策是什么？承销吗？投资吗？

我们只做省一级的城投公司，要投资级别以上的。我们只看国企的房地产公司，即使现在市场不好，它们一样可以发行债券，而且价格越来越低。

Q：如果客户有了中国评级，贵银行会参考吗？

我们不看中国评级。我们银行自己也有内部评级的。可能客户经理会参考中国评级的一些事实描述，作为撰写内部审批材料的基础。

Q：您了解联合国际/中诚信亚太等中国机构在境外设立的评级机构吗？

不了解。如我刚才而言，我们不看中国评级的。

Q：最近中资美元债市场经历了房地产行业风暴，您觉得下一步中资美元债市场怎么发展？

我觉得这个市场可能走向两极分化。以后的发行集中在投资级别的公司，所以发行规模不可能像以前那么大。最近的债券发

行我们也有参与，分到的额度越来越少。资金需要投出去，好的
资产少。现在的市场就是这样两极分化。无评级依靠SBLC担保发
行也很抢手。

访谈评级顾问

某外资银行资深评级顾问

2022年4月6日，电话会议

Q：您从事评级顾问多少年了？能简单介绍您的背景和经验吗？这是一个比较小的行业，是所有的DCM（debt capital market, 债券承销部门）团队都有顾问吗？大概有多少顾问呢？

我以前从事过股票和评级分析师的工作，积累了几年的行业经验和分析能力。在中资美元债开始发展的时候，我转行做了评级顾问，也有近10年的时间了。我们都非常幸运经历了中资美元债市场和国际评级在中国高速发展的整个周期。在中资美元债市场上，外资的承销商基本都有专业的评级顾问的，有些规模比较大的承销商的评级顾问团队规模还不小，因为我们还负责亚洲其他市场，例如印度和东南亚等。中资的承销商大部分是项目负责人兼评级顾问的角色，他们不是专业的顾问，主要起到评级工作的协调作用。

Q：您为什么转行做评级顾问？会一直做下去吗？

我很喜欢评级分析师的工作，因为我们可以接触到很多公司，大家开会讨论评级与信用观点和事件，能在短时间内学习到

很多东西。但是，分析师是独立第三方，我们提供信用观点，不能帮助发行人解决问题。评级分析师一般会转行去做评级顾问或者买方的信用分析人员。我选择做评级顾问，主要出于以下几个原因：一是能为发行人解决问题，例如取得评级后发债融资成功。二是扩大自己知识面和技能，当分析师基本就是专注一个行业，评级顾问需要覆盖多个行业，我在不断扩充自己的专业能力；而且我在银行内部不单支持债券部门工作，我还会和其他部分例如收购兼并和结构性融资部门合作，参与他们的风险委员会和产品设计工作，从信用风险角度给大家把关。最后，我当评级顾问和很多客户接触，这有助于扩展我以后职业发展的范围。薪酬倒不是很重要的原因，同等级别顾问和分析师的收入平均相差20%~30%吧。刚才说到，我已经当了近10年的评级顾问了，我们银行很重视我，同事们也尊重我的专业精神，而且评级顾问工作因为专业，还是蛮稳定的，有好的机会我也会考虑。

Q：从您的角度，三大评级机构有什么不同？

每家机构都有特色。虽然大家都说惠誉在城投领域的评级给得太高了，其实它在非投资级别的制造业领域评级挺审慎的。穆迪的特点是非常灵活，无论在信用观点还是个别的评级方面，例如市场有新的变动和发展，穆迪能够很快就开会形成新的观点。而且穆迪对于跟踪评级做得很及时，因为穆迪对分析师的KPI是3个月要更新发行人信息和发表研究报告数量，所以穆迪的分析师是和发行人联系最紧密的，报告也是发布最频繁的，当然报告质量方面就难以保证了。标普的研讨会虽然没这么多，但比较有质量，分析师回答问题也比较直接到点子上。

Q：您平时接触到投资者吗？他们都需要3家国际评级吗？

我和中国、国际投资者都有接触。国际投资者还是希望能看到2—3个评级，他们不是完全依赖外部评级的，他们有自己的信评部门负责详细分析的，评级只是参考。中国投资者和发行人或者金融机构有千丝万缕的关系，他们决定投资不单是看评级这么简单，所以他们喜欢高一点的评级。

Q：从您从事评级顾问工作这些年，您觉得中国的评级顾问这些年有什么变化？和其他地区的评级顾问有什么不一样？例如其他地区的顾问是收费的，中国的相当于增值服务。

经过前些年的快速增长，我们现在新评级也少了，主要都是评级维护。欧美也是这样，市场已经很成熟了，新评级很少，评级顾问主要是在做评级维护工作。那些市场一般是发行人和银行签署3年合同，评级顾问的年费在15万~20万欧元。和中国市场不一样，欧美成熟市场的评级顾问需要参与很多贷款评级的工作。评级顾问在亚洲都是免费的；在澳大利亚需要收费。澳大利亚比较特别，他们主要是些金融机构发行，会聘请第三方独立的评级顾问，这些机构往往是以前的分析师创立的。

Q：您怎么看待评级选购这个问题？

现在市场动荡，评级下调很多，评级选购这个问题小多了。2015年到2020年，在市场顺周期的时候，评级选购蛮严重的，评级真的越做越高。

Q：您对城投评级的看法如何？如果都是自上而下的评级模式，怎么揭示城投公司本身的信用风险呢？

我还是认同标普由下往上的方式的，有独立评级，可以让投资者自己判断政府的支持有多强。政府从来没有担保过城投公司的。城投公司在中国内地融资成本低，到了香港只能做俱乐部交易，价格低，没有流动性。

Q：现在，中资美元债的无评级发行越来越多，主要原因是什么？您怎么看待这个问题？

现在，中资美元债市场超过80%都是中资投资者。对于高收益发行人，有评级发行价格更高，还不如没有评级大家做俱乐部交易。

Q：大家都说DCM是不赚钱的生意，在中国才是这种情况吗？

对。2016年前DCM还是有盈利的，2016年后有超过50家中资金融机构在香港获得了DCM牌照，很多中资DCM愿意免费提供服务，他们可以投资债券，把它当作贷款赚利差。

Q：您接触过联合国际等在香港的评级机构吗？您觉得他们会在中资美元债市场取代国际评级吗？

有，但是我们没用。中资投资者可能觉得有价值，他们需要高一点的评级作为内部汇报等用途。

Q：您从事评级顾问最失落的一个案子？最自豪的一件事？

我以前做过一个中国非房地产的高收益公司，我个人观点是这家公司财务数字有问题，创始人非常独断专横，给的评级是

BB−，但当时迫于压力，把评级推高到了BB+。我心里一直觉得不踏实。我很高兴的一个例子也是B级的公司，好几家银行促使这家公司发债，公司特别信任我，征求我的意见。我的看法是，如果发债，公司评级会面临下调风险，我建议它们不发债。公司听了我的建议，最后没有发债。

Q：您对中资美元债下一步发展怎么看？

两极分化。海外资金只会看投资级的好名字或者可靠的民企，例如吉利汽车。中资会继续支持城投公司。我觉得很难回到2020年前的蓬勃发展时期了。

第五章

进入中国信用评级市场，
我成了中国资本市场的丙方

2019年1月28日，中国人民银行营业管理部发布公告，对标普信用评级（中国）有限公司（标普信评）予以备案。同日，中国银行间市场交易商协会也发布公告，接受标普信评进入银行间债券市场开展债券评级业务的注册。这个消息标志着标普信评作为首家外资信评评级机构在华子公司，已获准正式进入中国资本市场开展信用评级业务。

当时我还在标普全球评级工作，记得官媒宣布消息时是周一下午，我和业务团队的同事正在广东出差。在和客户沟通中，我们还谈到标普进入中国市场的进展。我们根据当时的公开信息，只能告诉客户，标普已经成立了中国子公司，根据监管要求招聘了企业、资产证券化和金融分析师团队，提交了中国评级业务的申请，正在等监管机构的批复，我们也不知道什么时候会得到中国评级牌照。当然，标普信评有任何好消息我们都会随时和他们交流，希望标普信评的中国业务也得到他们的支持。结果等我们结束了客户的拜访，在回广州的高速路上，手机就弹出新闻：标普获得中国第一张评级牌照。微信朋友圈紧接着被刷屏了，无论是同事还是业务合作伙伴、客户，很多人都转发了这个消息。和我一起出差的同事和我感叹：我妈妈从不怎么关注标普的新闻的，这次都在我们家庭群里转发了这个消息，说明这次影响力还是很大的。当然，我们马上联系了刚刚拜访的客户，告知他们这个巧合的好消息，表达了希望和他们在中国信用评级领域合作的愿望。

当时，标普全球评级的同事对取得中国牌照都非常激动，而且充满了期待。在三大国际评级机构中，穆迪和惠誉都曾经分别和中国最大和第二大的评级机构中诚信、联合资信成立了合资公司（现在穆迪还持有中诚信30%的股份，而惠誉在2017年将股份悉数卖给新加坡投资），标普全球评级曾经只和上海新世纪签署技术合作协议。在中国监管将评级行业从负面清单去除后，特别是允许外资评级机构在中国成立全资子公司后，三大评级机构都积极地成立了公司并申请中国信用评级牌照。标普信评的人员办公区和标普全球评级存在物理隔离，我有时候在楼道里见到标普信评团队成员，也会和他们简单交流几句。标普全球评级的大部分客户都有国际评级和中国评级，对于改革开放的新鲜事物也感兴趣，在和我们交流过程中经常会关心标普信评成立的事宜。他们非常关注标普信评的评级方法论和国际评级有什么不同，标普信评的评级体系是否和国内现存的一样；如果标普信评评级结果和国际评级一样严格而具有区分度，中国公司如何在现有的、唯有高评级才是王道的信用评级市场环境下生存等。但总体而言，我们接触到的客户、承销商和其他市场参与者是非常欢迎标普信评进入中国市场的，希望标普信评能够给当时的信用评级市场带来鲶鱼效应。从大环境看，当时中资美元债市场和中国债券市场都在蓬勃发展，大家都非常期待这两个市场能够高质量地发展，期待吸引更多国际投资者进入中国市场，推动人民币的国际化进程。

表5-1：三大评级机构中国全资子公司信息

公司名字	注册资金	注册日期	注册地
标普信评	1800 万美元	2018 年 6 月 27 日	北京
惠誉博华	1.5 亿元人民币	2018 年 7 月 27 日	北京
穆迪中国	5000 万元人民币	2018 年 6 月 15 日	北京

资料来源：根据公开资料整理

从标普全球对外界正式宣布进入中国信用评级市场开始，虽然我不属于标普信评的正式成员，但我作为标普全球评级大中华销售团队的总经理，就一直参与到标普信评成立的准备工作中；做得最多的工作是，和市场参与方交流，分享标普全球的中国战略和听取他们对于标普信评的期待和反馈。说实在的，我自己从来没有考虑过会到标普信评工作。因为我作为国际评级早期从业人员，在标普全球评级工作10多年了，了解市场运行的规则，已经成为全球评级市场的资深人士，和这个市场很多的专业人士已经建立了长期和信任的关系，我对这份工作游刃有余，也非常享受工作带来的成就感和满足感。我虽然了解关于中国信用评级市场的一些信息，但是，经营这个庞大而复杂的市场，我觉得在国内浸淫多年的专业人士更能胜任。因此，虽然标普的文化非常推荐内部人员流动，但我从来没有考虑过到标普信评工作。

但是，人生的轨道，不是我们能够预测到的。我万万没有想到，自己会在2020年2月从标普全球评级转到标普信评担任总裁兼首席执行官。

　　下面，我想跟大家分享自己在标普信评工作期间的一些经历和感受。

第一节　中国信用评级市场的发展和现状：没有赢家的游戏

　　我们在前面关于国际评级的部分了解到，国际评级是伴随资本市场发展起来的，投资者高度认可评级的价值，促使国际评级机构在全球金融市场建立了话语权。国际评级关系到发债成功与否、成本高低和投资者的构成。同样道理，中国的信用评级行业是伴随着国内债券市场快速发展起来的。中国债券发行总量从1998年的8000亿元上升至2021年的61万亿元，23年时间规模扩大约76倍；发行只数从1998年的57只，增加至2021年的53385只，增长近1000倍。其中，与信用评级行业密切相关的信用债规模也增长到了2021年的16万亿元和14322只。

表5-2：中国债券市场2015—2021年债券发行情况（单位：亿元，只）

年份	2015	2016	2017	2018	2019	2020	2021
债券发行总量	231718	363658	409050	438455	451915	568943	617638
其中：信用债	85103	97483	70697	90520	119625	156883	163894
债券发行只数	15404	28052	37242	39022	43523	49887	53385
其中：信用债	6283	7238	5732	7210	9224	12572	14322
发行人个数	2869	3501	2959	2947	3449	4073	4014
其中：信用债	2535	2950	2317	2329	2820	3469	3520

　　数据来源：万得资讯

在监管机构近年来接连颁布高质量发展信用评级行业的改革措施、降低对外部评级依赖以前，中国无论在任何一个市场、交易所和银行间市场，发行债券必须要取得债项评级，而且无论是定价、入库还是投资方对评级都有要求，因此极大促进了中国评级行业发展。中国市场形成了如下几个特点：

（一）高评级为主导，始现无评级发债趋势

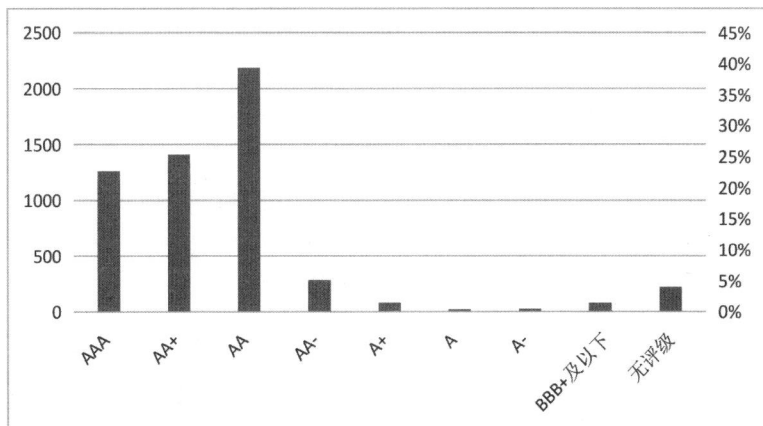

图5-1：中国信用债市场发行人评级分布和比例

资料来源：万得资讯，截至2022年4月21日

截至2022年4月，中国一共有5200家发行人，其中87%以上都是AA以上（93%是AA-以上）的评级；AA是评级分布的中枢，所占比例最高，近40%。这和这些年来监管要求的发行债券需要AA以上的评级有关。市场把监管的要求当作是评级的最低门槛，促使发行人取得至少AA以上级别，投资者也跟着要求至少AA的

评级才能投资。水涨船高，慢慢地形成了AA以上评级为主导的局面。

表5-3：中国信用债评级分布（单位：亿元，只）

	只数	只数占比（%）	截止日债券余额	余额占比（%）
AAA	9918	34.27	198430	57.02
AA+	4676	16.16	37612	10.81
AA	2460	8.50	14807	4.25
AA−	118	0.41	928	0.27
A+	69	0.24	359	0.10
A	73	0.25	265	0.08
A−	16	0.06	124	0.04
BBB+及以下	558	1.93	6179	1.78
无评级	11051	38.19	89295	25.66
合计	4736	100	365313	100

数据来源：万得资讯，截至2022年4月21日

从发债情况看，AAA评级的债券只数占比34%，但规模占了半壁江山，为19万亿元人民币。现在，除了发改委主管的企业债市场，人民银行和证监会主管的银行间市场和交易所市场已经取消了发行环节信用评级的要求，很多高评级的发行人在发债环节已经不需要评级了，因此有38%的债券是无评级的。

（二）评级机构众多，前三大评级机构占据市场75%的市场规模

在去年监管机构取消了发行环节必须有信用评级以前，市场对信用评级的想象是：伴随着债券市场的持续发展，信用评级市

场也会水涨船高，因此成立评级机构是一个有监管红利的生意。中国新的评级机构如雨后春笋般出现。截至2022年4月30日，取得各监管机构评级资质的中国信用评级机构就有15家，远远超过美国NRSRO管辖下的9家国际评级机构。

表5-4：中国具有监管部门认可的评级业务资质的信用评级机构一览表

序号	信用评级机构	交易商协会	证监会	发改委	保险资管协会
1	中诚信国际信用评级有限责任公司	X	X	X	X
2	联合资信评估有限公司	X	X	X	X
3	上海新世纪资信评估投资服务有限公司	X	X	X	X
4	大公国际资信评估有限公司	X	X	X	X
5	东方金诚国际信用评估有限公司	X	X	X	X
6	中证鹏元资信评估股份有限公司	X	X	X	X
7	远东资信评估有限公司	X	X	X	X
8	中债资信评估有限责任公司	X			X
9	标普信用评级（中国）有限公司	X	X		X
10	惠誉博华信用评级有限公司	X			X
11	安融信用评级有限公司	X	X		
12	安泰信用评级有限责任公司		X		
13	大普信用评级股份有限公司		X		
14	上海资信有限公司		X		
15	北京中北联信用评估有限公司		X		

资料来源：根据公开信息整理，截至2022年5月1日

备注：加灰底的为全牌照评级机构。惠誉博华为B类牌照，仅对金融机构债券、结构化产品评级；安融为B类牌照，仅为金融机构债券评级。

在这些新进入市场的评级机构中，标普信评和惠誉博华是外资独资公司，安泰信用、大普信用、安融信用等评级机构都是这几年成立的。这么多新的评级机构进入市场，它们缺乏行业的经验积累、数据库的建设、内控管理的约束，势必对市场的发展带来新的冲击和挑战。我们在前文分析过，即使在对评级质量要求比较高的国际评级市场，新进入市场的评级机构为了扩大市场份额，也会采用提供高评级或降低价格这一最有效的工具，这也是直接导致评级虚高和价格战的原因。对于原有的、规模比较大的评级机构，他们为了维持市场份额，会上演劣币逐良币。而对于严格遵守评级原则的外资评级机构，短期内会非常难开展业务，有限的公开评级覆盖难以对信用评级市场带来任何影响。

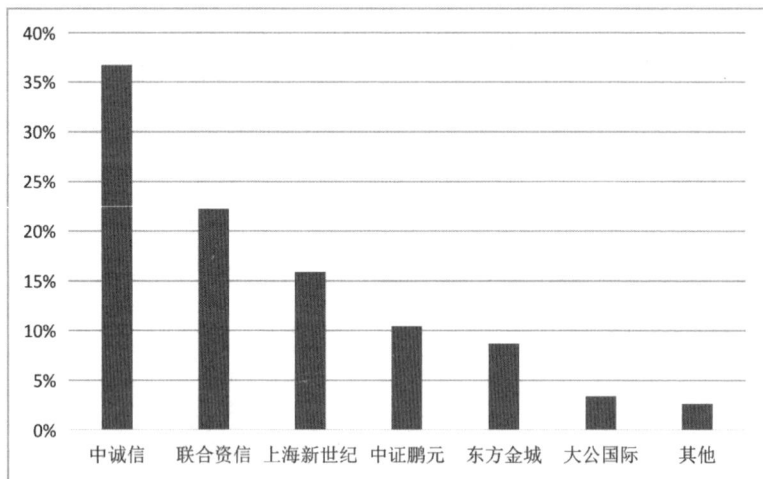

图5-2：中国主要评级机构在2021年第四季度的市场份额

资料来源：NAFMII

备注：其他包括了安融评级、大普信评、惠誉博华、上海资信和远东资信。

（三）同质化竞争、评级虚高和价格竞争是评级机构生存的不二法门

中国的评级机构除了中债资信等少数公司，大部分机构的业务模式也是发行人付费。前面我们讨论国际评级的时候，了解到信用评级行业的初衷就是为了投资者服务。1930年美国金融危机时，评级高的发行人的违约比例远远低于评级低的发行人，这才引起了投资者、监管和发行人对评级的认可；随后美国监管给予评级机构准监管的权力，极大地推进了评级机构业务的发展，评级机构形成了在金融市场的话语权。在几次金融危机中，评级机构虽然因为评级虚高、预警不及时被市场诟病，但各国际评级机构还是比较好地把握住了评级质量和市场份额之间的平衡。我们从各家评级机构公布的评级表现分析，不同级别的评级和违约率以及评级的调整具有很大的相关性，展示了评级质量较高。在中国，信用评级的起源是监管规定发债需要评级，而且对各个级别的债券发行规模和定价都有明确规定，因此市场发展非常快。各评级机构为了发展市场份额，以级别作为竞争最重要工具，因此在监管机构连续发文规范国内信用评级市场前，每年评级往上迁移的比例是非常高的。这在最后导致了中国市场AA以上评级占主流的局面，评级没有区分度，AAA评级的债券直接违约也成为常态。自从监管机构积极推动高质量评级改革，从2021年开始，评级下调比例首次超过评级上调。

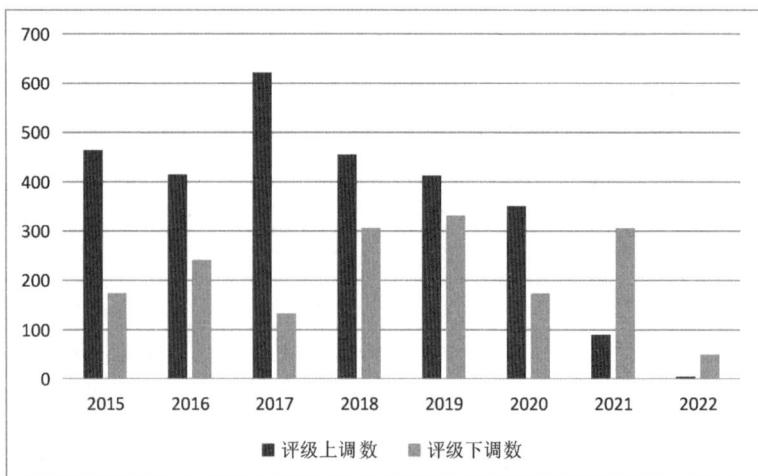

图5-3：2015—2022年中国信用评级迁移变化

资料来源：万得资讯，截至2022年4月15日

根据媒体公开报道，在2021年中以前，中国评级费用是以国内各评级机构在2007年签订的《银行间债券市场信用评级机构评级收费自律公约》的相关规定为依据：

- 企业主体信用评级收费不应低于10万元，债项信用评级收费不应低于15万元，单笔债券评级收费不应低于25万元。跟踪评级收费一般是5万元，数据更新收费也是5万元。

- 从2007年到2021年，价格没有调整，根据公开报道，为了争取客户，有些评级机构还提供更低的价格竞争。

在2021年中，除了标普信评和惠誉博华，其他评级机构签署了新的收费标准，新的资费大幅提升：

- 企业主体信用评级收费不应低于25万元，债项信用评级收费不应低于20万元，单笔债券评级收费不应低于45万元。跟踪评级收费不应低于10万元，数据更新收费不应低于10万元。

全球评级的发展是基于市场驱动，投资者从简单的评级符号就可以了解发行人的信用风险，发行人取得评级可以提高公司透明度，吸引更多投资者，降低融资成本，而评级机构的声誉资本是保证评级公正的核心。我们在本书国际评级部分也分析比较了国际评级是如何给发行人降低成本的。国际评级机构给发行3年期3亿美元债券的客户评级，评级费用大约40万美元，约250万元人民币，是中国评级费用没涨价以前的10倍，涨价后的5倍。当然在国际资本市场，发行人即使在支付了40万美元评级费用后还是节省了可观的资金成本，可节省约200万美元，约1300万元人民币。

我第一次了解到中国评级费用后，也是觉得非常受伤、有点难以置信。如果评级失去信用基准的根本作用，只是一个发债需要的符号、一个商品，不能给投资者和发行人带来价值，那么如此10年不变的价格对于发行人也是一笔开支。评级机构没有任何的话语权制定一个合理的价格，这直接导致了评级机构价格竞争。国内媒体对评级行业持续的价格竞争也很关注，在2022年1月深度报道了价格竞争导致新的价格体制难以实现的实际情况。各家评级机构为了维护市场份额，所谓的新资费只适用于小客户，对于有话语权的大客户还是适用以前的资费。

如下是中国评级机构过去两年的收入情况。国内信用评级的市场规模大约只有30亿元人民币，考虑到从2021年第四季度开始越来越多发行人发行无评级债券，可以预测，即使评级价格有所上涨，如果评级不能带给发行人价值，这个市场规模可能会持续缩减。我们从各评级机构披露的收入看到，如果一家机构，例如标普信评，按照严格的评级标准和较理性的价格收取费用，即便在过去两年收入增长幅度大，但是总体收入还是非常微不足道的。

表5-5：2020—2021年中国评级机构收入（单位：百万元人民币）

序号	评级机构	2021 年	2020 年	增长率
1	中诚信	818	816	0%
2	联合资信	597	623	-4%
3	中证鹏元	345	245	41%
4	上海新世纪	330	313	5%
5	中债资信	323	283	14%
6	东方金城	266	253	5%
7	大公	245	230	7%
8	远东资信	85	61	39%
9	安融评级	28		
10	标普信评	8.7	2.65	228%
	合计	3046	2827	8%

资料来源：NAFMII网站

备注：惠誉博华在2020年取得银行间市场B类牌照，但没有披露2020年和2021年的收入。

（四）投资者对中国信用评级机构缺乏认同

评级机构恪守声誉资本能够制衡发行人付费带来的利益冲突。如果评级机构失去声誉，投资者对评级缺乏认同，评级就会成为发行人为了满足发债要求的一个大宗商品。债券信用评级实际只是满足监管的制度要求、满足发行人的面子，信用评级作为风险预警和风险定价的主要作用将无法显现。

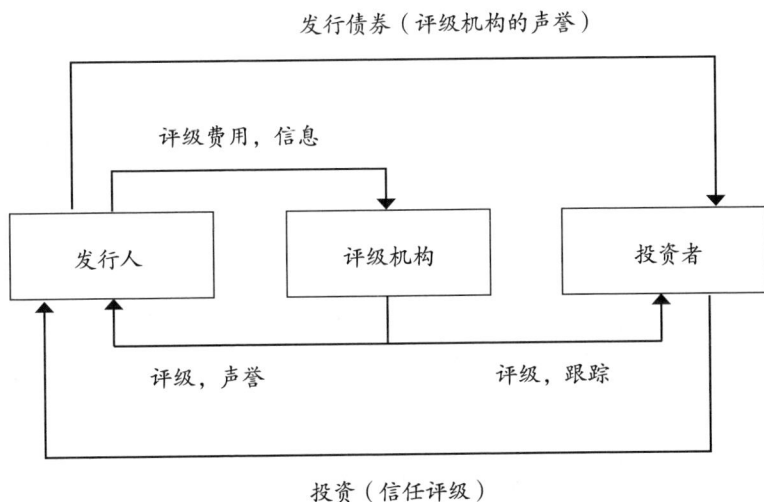

图5-4：评级机构的声誉机制

资料来源：《信用评级行业：竞争和监管》，Fabian Dittrih，2007

2015年以前，中国债券市场在监管部门的"呵护"下，虽有多起违约事件，但尚未出现过一例真正实质违约的案例，政府支持、金融机构兜底等刚性兑付一直存在。2006年中国银行间债券市场发生的首起信用事件"福禧事件"、2014年交易所发生的首例债券违约"11超日债违约"，最终都完成足额兑付。投资者在无风险的投资环境里，已经有了"保本"的"信仰"，基本不用重视信用风险，而更关注利率风险、流动性风险等，甚至有些投资者剑走偏锋，投资高风险的债券以博取高收益。

2015年以来，受中国宏观经济波动影响，不少发债企业因经营困难而直接导致部分债券出现违约。2021年，债券市场违约数额达到1400亿元，创历史新高。违约数量大幅增加，刚性兑付被打破，部分投资了高风险债券的投资者损失惨重。投资者越发认识到防范信用风险的重要性。他们对中国评级机构的评级方法的一致性、评级报告内容的完整性、风险揭示的充分性、债券信用等级的准确性等高质量评级形成真正有效需求。但是，最近几年信用评级行业的"级别虚高"、AAA直接违约、在违约前悬崖式下调等糟糕的评级表现造成投资者对评级机构的评级极度不信任。投资者用脚投票，在投资者内部对评级的需求出现了分化：第一是提高对评级的要求，例如只投资AAA的债券，结果这导致了评级结果的进一步虚高，到2022年，AAA评级已经达到了23%，创历史新高；第二是建立自己的内评队伍，例如银行、保险、基金等有较强的风险识别能力而且实力雄厚的大型投资者，独立开发方法论，基本不看外部评级；第三是参考新型的信用评估意见，例如中债估值隐含评级、中金5级评分、瑞霆狗等。另外，机构投资者风格A股化；由于缺乏统一透明的评级体系，很多投资者根据小道消息和公众号决定投资策略，背离了机构投资者长期投资的理念。有些规模小的投资者干脆离开信用债的市场。

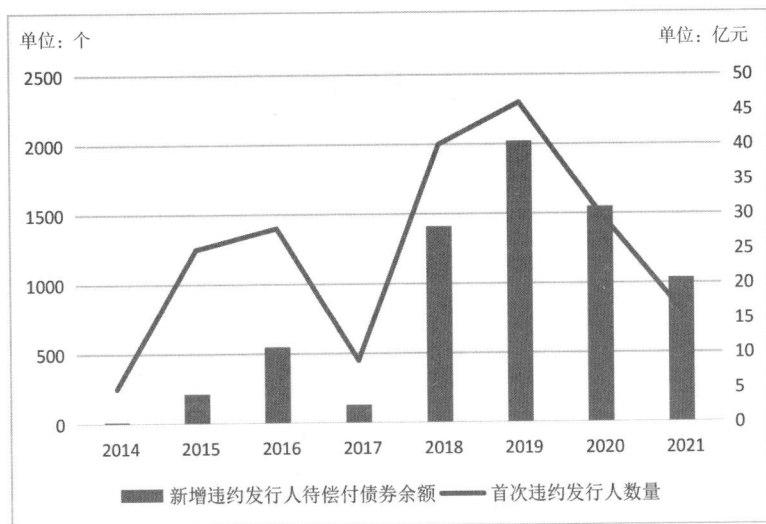

图5-5：2014—2021年中国债券市场违约情况

资料来源：万得资讯，截至2021年4月15日

在不被投资者认同的情况下，评级机构的经营重心更放在了发行人市场开拓方面，主要以高评级和低价格作为竞争手段，以吸取更多评级客户。而投资者增加了信用风险研究成本、降低了投资决策效率，也造成中国债券市场发展的不均衡；如民营企业发债难，占发债比率从2017年的14%下降到现在的7%，发债成本高。

评级行业也吐苦水：评级行业地位低，没有话语权，员工没有成就感，很难留住员工，分析师离职率高。根据中国某头部评级机构的公开披露信息，公司员工700多人，2021年离职员工约150人，离职率高达20%。如果我是在找工作的年轻人，做完这个行业的尽职调查后，会产生这样的直观感觉：这是一个没有赢家的行业，所有的市场参与者都不满意；信用评级机构连乙方都不是，在市场上没有影响力和话语权；使用评级的投资者不买账，自己建立内评或者参考其他信用评估标准；监管不满意，监管处罚高频发生，某评级机构刚刚被处罚了超过千万元，某评级机构被暂停业务3个月；等等。

在这种情况下，整个市场呼吁评级机构质量的改善势在必行。当标普信评作为首家取得国内信用评级资格的全球评级机构进入国内市场，市场对标普信评有期待也有质疑。有些市场参与者非常期待标普信评能起到鲇鱼作用，促进市场改革和发展；也有一些市场参与者怀疑标普信评会被同质化，他们举例：另外两家国际评级的合资公司，最后也是以高评级作为竞争利器。

第二节　存在的就是合理的：中国投资者信赖的评级

如果公开的信用评级服务已经不能给投资者带来信用区分度和提前揭示风险的作用，国内投资者只能依赖其他的信用评级或评估服务作为自己内评的补充和参考。根据我们和国内外投资者的交流，如下是国内外投资者投资信用债时认可的评级/评估服务，以及和国内现行评级的比较分析。

（一）国际评级

在关于国际评级的章节中，我们分析了标普全球评级的企业评级分布是呈现双驼峰状的，投资级别的中位数是BBB，非投资级别的中位数是B。我们前面也提到，中国AAA评级违约是常态；而在全球评级研究中，投资级别以上的发行人违约率非常低，A级别仅有0.3%的违约率，BBB级别的违约率为1%，非投资级别BB的违约率为5%，B为20%。目前，标普全球评级对中国公司有大概300个评级，非常有意思的是，中国AAA的公司，在标普全球评级体系的评级可能从最高的主权评级A+到较低的非投资级B，相差10个级别。很多中国投资者都提到，如果中国发行人有国际评级，他们在投资这些发行人的中国债券时会参考国际评级。但是，标普全球评级覆盖的中国公司，相对于中国债券市场现有的4000多位发行人，实在是杯水车薪。投资中国信用债和资产证券化产品的国际投资者，他们会直接参照这些发行人的国际评级。比较有代表性的是彭博的中国信用债指数，其选择的就是具有国际三大评级机构投资级别的发行人；银行间市场的房贷、信用卡和车贷资产证券化发行都会根据国际投资者的要求，委托国际评级机构授予国际评级。

表5-6：中国发行人的国内评级和国际评级比较

发行人	国内评级	标普全球评级
中国石油天然气集团有限公司	AAA	A+/ 稳定
中国建筑股份有限公司	AAA	A/ 稳定
宝山钢铁股份有限公司	AAA	A-/ 稳定
中国五矿集团有限公司	AAA	BBB+/ 稳定
万华化学集团股份有限公司	AAA	BBB/ 稳定
山东黄金集团有限公司	AAA	BBB-/ 稳定
招金矿业股份有限公司	AAA	BB+/ 稳定
金地（集团）股份有限公司	AAA	BB/ 稳定
中联重科股份有限公司	AAA	BB-/ 正面
时代地产控股有限公司	AAA	B+/ 稳定
合生创展集团有限公司	AAA	B/ 稳定

资料来源：根据公开资料整理，截至2022年4月1日

　　清华大学也对国内评级和标普全球评级的违约事件和级别做了详细分析。根据标普全球评级主体评级1985—2016年的评级分布，从时间维度来看，标普全球评级的级别呈现逐渐变低的态势，例如AAA和AA这样的高投资级从1985年的20%左右下降到2016年末3%左右。在标普全球评级的主体评级中，BBB级占了较大比重，从1985年的16%增长到2016年末的36%。这与美国对评级行业的监管日趋严格和国际评级机构对评级透明度的提升有关。

　　国内违约的案例，其发行人评级基本上会在违约前3个月遭遇断崖式下调，评级中位数从AA，甚至AAA直接下调到评级C。而标普全球评级的违约案例，其发行人评级在24个月前就已经下调到B−的水平。

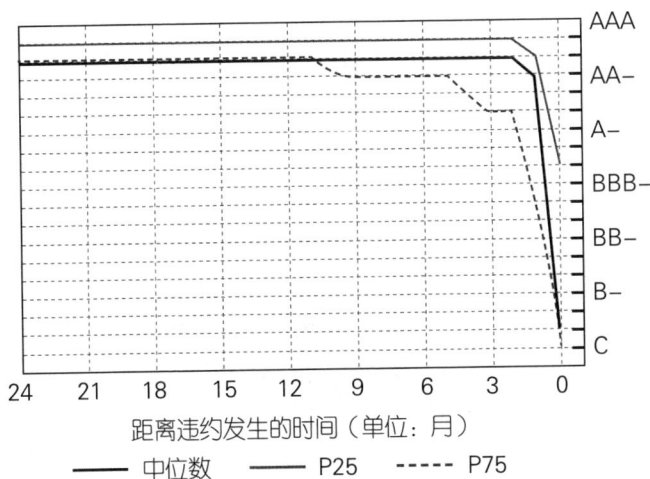

图5-6：中国违约前评级调整

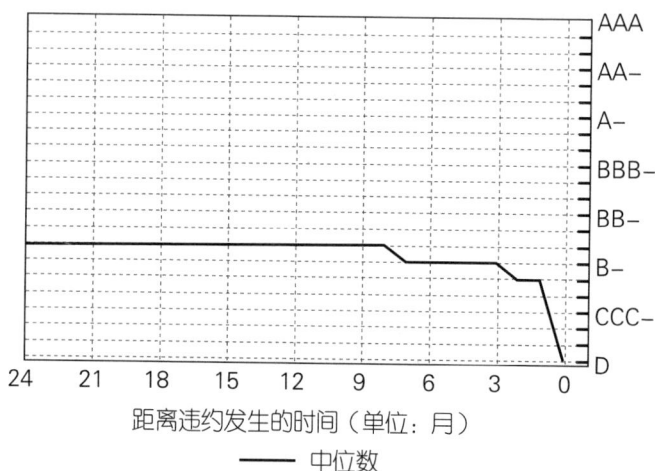

距离违约发生的时间（单位：月）

—— 中位数

图5-7：标普全球评级违约前评级调整

资料来源：清华大学

高度集中在高评级的中国债券的利差也比国际评级高很多。在美国，AAA评级的信用债和国家利率债的利差是50个基点，这一基点数在中国是87。AA评级的中国债券，利差更是高达175—220个基点，而美国利差仅为70个基点。

（二）中债资信评级

中债资信作为投资者付费的评级机构，避免了发行人付费模式下的利益冲突。根据中债资信披露的信息，它们的评级分布相对正态，评级中位数为A，远远低于其他主流评级机构的AA的中位数。根据清华大学的研究，在风险预警和评级迁徙方面，中债资信都优于发行人付费评级机构。

从时间趋势来看，投资者付费（中债资信）的评级分布呈现逐渐变低的态势，高等级评级的占比随时间延长逐步下降，例如A+及以上的评级在2011年末占100%，而在2019年末此占比仅略高于60%；即使考虑到评级基数变大了，总体的趋势和国际评级仍比较一致。那些违约的公司在尚未违约前评级中位数是A，然后开始随着违约公司信用恶化评级下调。考虑到中债资信的评级中位数是A+，A属于比较疲弱的评级，所以中债资信的评级在区分度和风险预警方面具有优势。

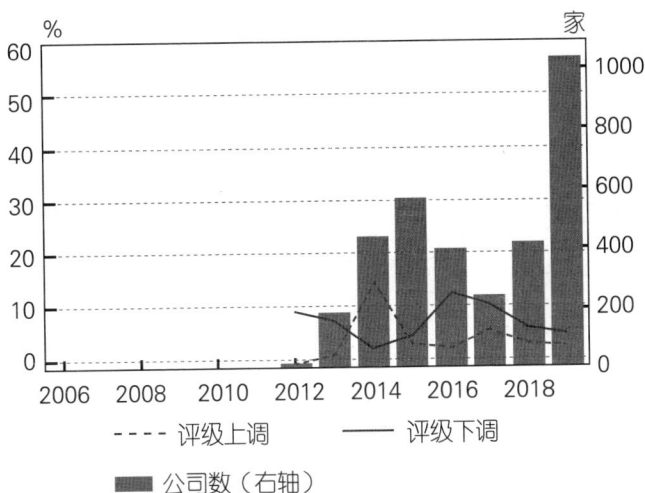

图5-8：2006—2018年中债资信评级调整趋势

家

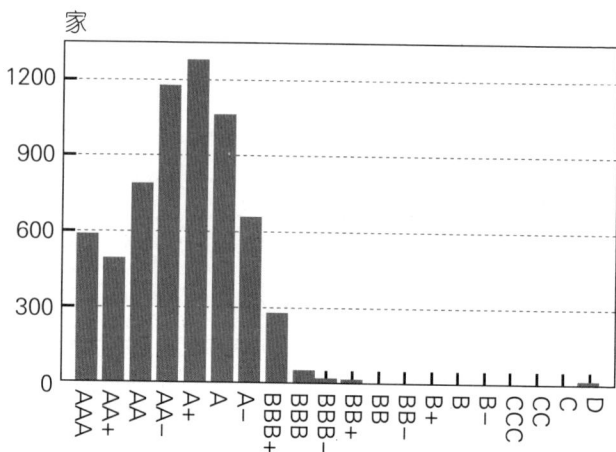

图5-9：中债资信评级分布（2011—2019）

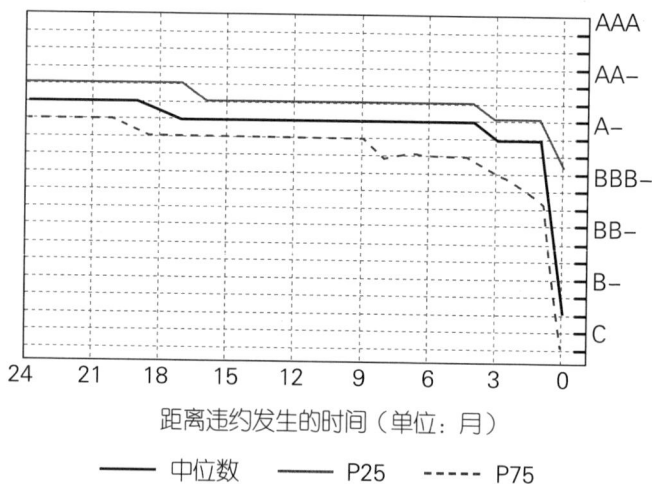

距离违约发生的时间（单位：月）

—— 中位数　　—— P25　　---- P75

图5-10：中债资信违约前评级调整

资料来源：清华大学

（三）中债估值隐含评级

如果国际评级和中债资信评级的覆盖存在限制，那么对市场全覆盖的中债隐含评级弥补了这个缺陷。中债隐含评级是中债估值中心[①]结合了市场价格变化、发行主体公开信息等因素得出的动态反映市场投资者对债券的信用评价。在2021年，中债隐含评级区分度比较高，中位数为AA（需要提示的是，中债估值的评级体系不一样，AAA也有+和-以区分信用的强弱）。

由于中债估值隐含评级是一种基于市场信息的评级方法，是从市场价格信号和发行主体相关信息等因素中提炼出的、动态反映市场投资者对债券的一种信用评价，所以债券价格波动等引起的评级改变会比较频繁，难以反映跨周期的风险，不具备稳定性和前瞻性。

（四）中金5级信用评级体系

中金（中国国际金融股份有限公司）5级信用评级体系创建于2005年，与中国信用债市场同时起步。由于起步较早，目前具有非金融类全覆盖、评级辨识度高、调整频率更及时、违约预警度高的特征，并且由于非发行人付费的模式，相对更加客观、公允。随着违约的增多和第三方评级必要性的提升，部分投资者已陆续使用中金信用评级作为投资参考。

中金信用评级明确区分投资级和投机级，目前分为5大档和

---

① 中债金融估值中心有限公司是中央国债登记结算有限责任公司的全资子公司。

13小档，存量债券较为均匀地分布于各小档。中金信用评分在1—3档的发行人对经济和环境的持续不利变化承受能力较强，短期违约风险较低，属于"投资级"；而4—5档的发行人对不利环境的承受能力相对较差，短期违约风险较高，属于"投机级"。+和–用来区分信用的强弱。如下表格是中金5级信用评级体系和国内评级的对应分析：外部评级达到AAA的发行人，对应的中金信用评级从1—5档不等，中枢在4档。

表5-7：中金5级信用评级体系和国内评级的对应分析

主体评级	AAA	AA+	AA	AA–	A+ 及以上
1–2–	8.3%				
3+	6.0%				
3	11.0%				
3–	15.3%	0.7%	0.1%		
4+	18.4%	3.1%	0.1%		
4	22.2%	12.5%	0.7%		
4–	13.3%	32.3%	4.5%	0.9%	
5+	4.7%	37.1%	23.5%	1.9%	3.80%
5	0.8%	13.6%	63.5%	37.5%	8.9%
5–	0	0.7%	7.6%	59.7%	87.3%
合计	100%	100%	100%	100%	100%

资料来源：万得资讯，中金公司研究部

（五）YY评级

YY评级属于瑞霆狗（深圳）信息技术有限公司（简称"Ratingdog"），该公司成立于2017年，是中证信用增进股份有限公司孵化的金融科技公司。YY评级的打分为1—10，1分为最强，10分为信用最疲弱。YY评级的级别中枢为5，YY评级主要分布在4、5、6、7；评级4主要对应着外部评级的AAA，评级5、6主要对应着外部评级的AA+，评级7主要对应着外部评级的AA。

这些评级，评分和信用评估服务都给投资者带了价值和必要的信息补偿。我们在国际评级部分关于评级机构业务模式的讨论中也提到，任何创新的业务模式都存在利益冲突，比如信息不对称、缺乏发行人参与导致评级没有前瞻性等。因此，我们还是非常希望能够将标普全球评级的评级原则、评级方法和影响力带到中国市场，从零开始打造标普信评具有区分度的评级基准，为中国资本市场提供更多透明度，打造一个更高效的债券资本市场。

第三节 成为丙方的滋味

2019年底，标普信评的管理层有了一些变化，公司总裁的职位空缺出来。我开始考虑是否从标普全球评级转到标普信评，和这个新的国内团队一起把标普全球的高质量评级引进到中国市场。我当时非常犹豫。首先，我虽然一直在标普全球评级，但经常从报章媒体和行内人士交流中了解到中国信用评级市场的情况，知道国内各评级机构基本上靠高评级和低价格竞争，这是彻底违背评级机构的原则的。其次，中国债券市场已经成为全球第二大的市场了，存在银行间市场、交易所市场等不同市场，监管环境比较复杂，这些对我而言都是陌生未知的领域，从舒适区跳到一个全新的、充满挑战的领域，我需要学习的东西太多了。再次，我在外资机构工作时间久了，非常了解外资机构严格的内控、合规、法律等架构，标普信评在流程和操作等方面应该也存在水土不服的问题。最后，标普信评团队基本上都是新人，团队管理、公司化建设等也是一个问题。所以，标普信评和其所处的中国市场在我这里是零概念。从一到零，可以想象到的挑战都无须赘述，肯定还有更多的挑战在未知处等着我。如何在中国市场再从零走到一？质的突破，什么时候会发生，如何发生？中国这么多的专业人士前赴后继，这些质的突破都没有发生，如果我贸然从一个相对成熟、自己又得心应手的赛道转到如此大的一条未知赛道，等待我的很可能是无所不在的挑战和困难。

我一位在投资银行工作的好友知道我在考虑要不要到中国评级市场工作后，非常明确地劝我留在标普全球评级："国内评级机构特别没地位，我们这些金融民工算是乙方，评级机构连乙方都不是，就是一个可有可无的丙方。因为监管需要评级，所以大家就找一个评级机构做一个评级出来，和债券定价、投资者决定是否要投资都没有关系。"

我当然也征求了家人的意见。我先生是从事IT行业的，他一直很尊重我的决定，只是担心我这个年纪改变赛道会太累了，但是他很理解我希望能做一点事情的想法。我和女儿感情一直非常好，她当时是美国高中的12年级学生，已经拿到了她心仪大学的录取通知书；她的反馈和我先生一样，尊重我的选择。他们都了解我责任心很重，做事就想做好，担心我太投入、太累，影响身体和心理健康。

最后让我下决心的还是我的一点小小情怀，我还是希望能够凭借自己在全球评级行业和在中国的经验，给国内信用评级行业的改革和发展做一点事。而且，我很喜欢脸书首席运营官谢丽尔·桑德伯格，她在《向前一步》这本书中分享道：在面对未知、困难和不确定因素时，女性应该勇敢地往前一步，努力扩大自己的能力和影响力。最后，我加入了标普信评，成了中国资本市场的丙方。

当时正赶上新冠肺炎疫情的爆发，我与我先生在波士顿和妈妈、女儿一起过春节。当时中国疫情比较严重，而美国还一片歌舞升平。我们在美国的时候，想着给国内同事和朋友尽量多带回一点医疗物资。一开始我们在网上买，亚马逊等网站上的口罩马上被同胞一抢而空，我们转而在当地超市网店买，经常是欣喜地发现网上有存货，下单后又被取消，后来才意识到美国超市网店更新不及时。于是，我们白天开车去不同的超市、药店扫货，基本也是失望而回，每次店员都说你第二天再来，但第二天又扑空。最后还是托朋友在纽约的一个仓库找到库存，赶紧抢购了几千个口罩快递到波士顿。

晚饭后，我女儿回到她的房间读书，我和我先生从9点开始，也分别在客厅和房间里支开电脑，开始跟着国内时间同步上班。当时国内疫情正是最严重的时候，大家都居家办公，很多朋友也劝我们暂时在美国远程工作，别回国。我和我先生最后还是决定回来，特别是我非常牵挂标普信评，因为这是新成立的公司，人员、团队、公司战略等都需要一定时间的磨合和建立，而且当时正值春节长假，公司其他高级管理层都在国外。我觉得我应该早点回来和员工在一起，表示我对这家新公司的承诺和决心。

当时很多航班已经取消了，我们通常坐的海南航空从北京往返波士顿的直航航班，也因为疫情被取消了，最后我们是转机日本回来的。我们商务舱的乘客非常少，在飞机上我去经济舱看了一下，一排又一排的座位都是空的，有一种世界末日的感觉。当时大家对疫情的了解有限，疫苗还没有研发出来，我和我先生心里也很不踏实，不知道国内情况如何，担心留在波士顿的妈妈和女儿，万一波士顿也发生疫情了怎么办？疫情下，标普信评如何开展业务、保障员工安全？我脑子里带着无数的问题，抵达了空荡荡的北京机场。

如我朋友所言，我加入标普信评后，马上就感觉到了作为丙方的滋味。疫情期间，我去拜访一家金融机构，对方领导非常直率地告诉我："我从来没有约见过国内评级机构，这次破例见你是因为你是标普的，希望你们的评级能够和国内现存的评级不一样。"

我表达了希望能够和他们合作的意愿，但是对方马上拒绝了，而且对我提出要求，希望我们先去做投资者的工作，如果投资者接受标普信评的评级，他们才会有意愿和我们合作。而我们和投资者交流的时候，他们一方面非常认可标普信评的评级理念，有些投资者还和我们分享说他们的内部评级分布和标普信评的很一致，但也希望能看到更多的公开评级供他们投资决策。我和这些投资者分享国际评级市场双评级的例子，希望投资者能够推动发行人取得标普信评的评级。但是在目前的中国债券市场，发行人比较强势，经常是承销商包销了债券，非银行系的投资者也没有话语权；很多投资者吐苦水，说他们也是弱势群体，根本没有机会见到发行人，更别说对发行人提出评级方面的要求了。作为连接发行人和投资者的桥梁，我们当然也广泛拜访了银行和券商的债券承销部门，他们也纷纷表示没有话语权："基本上好的发行人都是公开招标，他们定了发行价格，我们不包销的话根本拿不到生意的。而我们的考核指标是发行规模和交易单数。我们哪敢要求发行人做更严格的评级？"是啊，在中国曾经高高在上的金融行业都自嘲是金融民工了。

也有一些标普全球评级的客户，他们非常理解有区分度评级的意义，但是，他们无法解决这样的问题：如果他们用了标普信评非AAA的评级发债，那么他们的债券无法质押，那么投资者就没有意愿投资它们的债券了。国内评级市场发展多年了，存在诸多系统性的问题，不是光凭标普全球的投入、我们的热情和曲高和寡的标普信评的评级可以在短时间解决的。

在这个发展了近40年、债券存量规模超过133万亿元人民币的全球第二大的债券市场上，我如同一位船长，带领标普信评这一叶小舟在汪洋大海中往前奋进。方向始终是不变的，那就是打造有区分度的评级基准，船桨就是透明、独立和客观。当然，我们也不知道我们能走多远。

第六章

不破不立：中国信用评级市场改革

第一节　打造中国信用基准

标普信评的评级体系依据的是2006年3月29日发布的《中国人民银行信用评级管理指导意见》里的相关定义。如下定义可以清楚显示，不同级别的定义和国际评级很类似，因为国际评级领域BBB–以上的评级被市场约定俗成地称为投资级，而BB+以下则被称为非投资级别（或者叫高收益和垃圾级）。在中国，目前90%的主体评级都是AA以上，而且AAA违约的概率较高，因此我们不能简单地照搬国际评级这一套，将中国评级以某个级别为界限，简单分成投资级或者非投资级。为了和国际评级及其他国内评级区别开来，标普信评的评级符号后缀为spc，例如首个评级工银租赁的评级是AAAspc；如果是资产证券化评级则按照国际惯例加上sf，例如中国建设银行房屋贷款资产证券化评级为AAAspc（sf）。

表6-1：中国信用评级符号含义

评级	含义
AAA	偿还债务的能力极强，基本不受不利经济环境的影响，违约风险极低
AA	偿还债务的能力很强，受不利经济环境的影响不大，违约风险很低
A	偿还债务能力较强，较不易受不利经济环境的影响，违约风险较低
BBB	偿还债务能力一般，受不利经济环境影响较大，违约风险一般
BB	偿还债务能力较弱，受不利经济环境影响很大，有较高违约风险
B	偿还债务的能力较大地依赖于良好的经济环境，违约风险很高
CCC	偿还债务的能力极度依赖于良好的经济环境，违约风险极高
CC	在破产或重组时可获得保护较小，基本不能保证偿还债务
C	不能偿还债务

资料来源：中国人民银行网站

备注：除AAA、CCC级以下等级外，每一个信用等级可用"+""-"符号进行微调，表示信用的相对强弱。

根据如上评级的定义，标普信评根据超过3000家发行人的公开信息进行了潜在信用质量案头分析，得出来的国内企业评级是呈正态分布的，中位数为BBBspc。根据标普信评的定义，BBBspc意味着在经济和外部环境未发生极端变化的情况下，能够在未来两年左右具有相对稳定的信用表现。这和现存评级的分布是大相径庭的，因此，我们提出标普信评的使命是建立中国信用基准，通过和所有市场参与者的努力，一起将如下集中在AA以上的国内信用评级逐渐演化成有区分度的评级分布。

当前市场级别分布 – 工商企业评级

AAA AA+ AA AA− A+ A A− BBB+ BBB BBB− BB+ BB BB− B+ B

工商企业评级

AAA AA A BBB BB B

（标普信评的评级标尺）

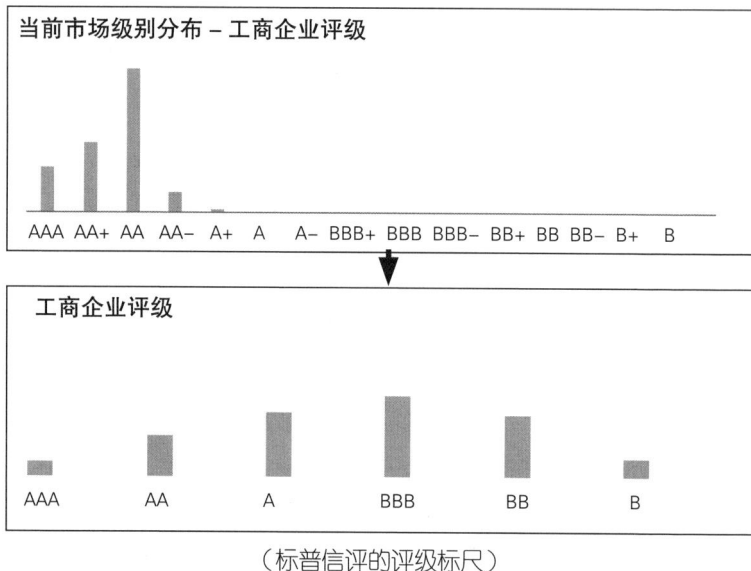

图6–1：现有中国信用评级分布和标普信评有区分度评级分布的对比

资料来源：《第一财经》

2019年1月，标普信评获得中国信用评级资质后，标普全球评级于3月在北京宝格丽酒店举办了标普信评首场研讨会。我在查阅资料时，还在腾讯上看了当时研讨会的视频，当时标普全球集团总裁、标普全球评级总裁等标普全球评级的高管都专程到北京参加了标普信评首场研讨会，充分表明了标普全球对中国市场的重视。我们邀请了很多嘉宾和客户参加这次研讨会，作为标普全球评级在中国战略的启航。同年7月，标普信评公布了第一个评级：中国工商银行金融租赁公司（工银租赁）评级，取得很好的效果。工银租赁也是标普全球评级的客户，国际评级是A，工银租赁取得标普信评的评级是AAAspc。我们同时在国内市场首次引入了国际评级通用的独立评级概念，例如标普信评就披露了工银租赁的独立评级为A+，因为其是工商银行的核心子公司，最后主体评级得到4个级别的提升。

开业5个月来标普信评首单评级发布，
缘何评定工银租赁为AAA

来源：《第一财经》

今年初，标普全球评级正式获准在中国境内债市运营信用评级机构（"标普信评"）。时逾5个月，标普信评的首单评级报告出炉。《第一财经》记者获悉，7月11日，标普信评评定工银金融租赁有限公司（以下简称"工银租赁"）主体信用等级为AAA，展望稳定。

标普信评表示，这一主体信用等级在工银租赁个体信用状况基础上调升了4个子级，以体现该公司对于工行的极高重要性和工行的极高信用质量。标普信评专门为中国境内市场设定了一套评级标准。一般而言，评级基准是评级的起点。标普信评将银行的评级基准定为BBB+、证券公司为BBB−等，此后再根据个别金融机构的特殊情况在基准上调整。工银租赁的AAA评级也是调整后的结果。

此外，企业的主体信用评级（ICR）由个体信用状况

（SACP）和支持框架共同决定。如果标普信评认为企业可能受集团或政府影响，该影响会反映在支持框架中，从而可能使SACP和ICR之间产生差异。如果影响正面，表明企业可能获得集团或政府的支持，这对其可能构成信用加分。反之则可能会削弱其信用状况。

"工银租赁的主体信用等级与母行的信用质量之间是密切相关的。母行不仅对于工银租赁的日常经营提供持续性的支持，而且根据监管规定须在公司出现困难时提供特殊性支持。"标普信评提及，工银租赁为银保监会批准设立的金融租赁公司，评定主体信用等级采用的基准为"bbb-"，工银租赁"a+"的个体信用状况较这一基准高出5个子级，反映该公司相比一般金融租赁公司在多个方面的显著优势。

在"a+"的个体信用状况基础上，标普信评又将主体信用等级向上调升4个子级至"AAA"，以体现该公司对于工行的极高重要性和工行的极高信用质量。这份信评报告称，工银租赁是工行的核心子公司，该公司从事的金融租赁业务是母行业务体系中的有机组成部分，租赁业务是银行对公贷款业务的重要补充，工银租赁的产品和服务能够为母行在航空、航运、能源、交通以及基建领域的大型公司客户提供独特的附加值。

就具体方法论而言，上述提及的评级"基准"以及个体信用状况，是指标普信评通常会先决定评级基准，并以此作为评级的起点，然后结合受评主体的个体特征，在评级基准的基础上做出调整，从而得出个体信用状况。通常会考虑的个体特征包括：业务状况、资本与盈利性、风险状况、融资与流动性等。最后会通过分析企业可能获得的外部支持，包括集团或政府的支持，在SACP的基础上做出调整，从而得出AAA的ICR。

由于标普信评进入中国国内市场后只取得了银行间市场牌照，我担任公司总裁后，工作重点之一就是积极完成公司在中国证券监督管理委员会的从事证券评级业务的备案。2020年10月21日，标普信评作为首家外资独资评级机构完成了首次备案，从此，标普信评能够满足很多发行人在银行间市场和交易所两个市场发行债券需要评级的要求，具有了准全牌照的资质。2021年3月1日，北京国资管理中心成为首家取得标普信评评级的企业；随后于3月9日在交易所成功发行中期票据。

标普信评的评级方法论和标普全球评级的一脉相承，简单说就是评级水平有区分度。对于很多发行人而言，标普信评的评级会比现在他们公开的评级要低，因此，即使发行人非常了解标普信评积极努力的意义和对中国信用评级市场的价值，他们也是没有足够的积极性取得标普信评的评级的。这样一来，我们只能一直和发行人保持交流，"星星之火，可以燎原"，那是一个缓慢而艰难的过程。同时，我们必须要以多样化的方式给市场提供更多透明度，积极发布研究报告，通过市场高度关注的信用事件、举行市场活动让市场参与者更好地了解标普信评。

我在前言中提到，虽然我已经离开标普了，但一样需要恪守保密原则，因此书里所有的信息都是来自不同渠道的公开信息，没有任何保密信息。我非常感谢媒体朋友们在2020—2021年对于标普信评的高度关注、广泛报道和支持，他们对标普信评的技术层面的深入理解和翔实信息，让我可以在本书中引用他们的公开报道。如下就是《经济观察报》在2020年底对我的采访，这也是对我和标普信评在2020年的工作做一个总结。现在回看，标普信评在2020年一共举行了90多场的线上研讨会，吸引了超过3万多人参加，这真是非常了不起的成就。作为对比，根据穆迪业绩公布会上的公开信息，穆迪在2021年的市场活动一共吸引了5万多人参加。

一年多来，我们继续扩大团队，目前分析师团队和市场团队加一起共约40人。

对评级机构来讲，最核心的工作就是提供评级服务。为此，我们基于标普全球评级的框架开发了标普信评方法论，并建立了针对中国市场的评级体系。在开发完方法论以后，我们又做了很多的测试研究工作，包括对3000个发行主体根据公开信息进行了案头分析，得出了信用质量中位数为BBB的正态评级分布。我们认为，BBB类发行人在经济和外部环境未发生极端变化的情况下，能够在未来两年左右具有相对稳定的信用表现。

同时，我们与发行人和境内外投资人进行了大量的沟通和交流。今年因为疫情很多交流都是通过网上研讨会的方式进行的，我们一共举办了超过90场，参与人数累计超过3万人次。其中，参与人数最多的一场是最近关于永煤违约的讨论，线上听众超过5000人。我们还举办了一个线上专题研讨系列，叫作"标普近距离"，邀请了很多投资者、发行人还有券商承销机构的嘉宾，从不同的角度来谈中国信用市场的发展。

吃螃蟹的发行人给中国信用评级市场提供区分度和透明度

一开始，根据当初标普全球评级进入保险行业评级，带动了贝氏和整个行业评级质量提升的经验，我们认为，标普信评的高质量评级会让优质发行人有积极意愿取得标普信评的评级，以和其他AA起步的国内评级区别开来。而且标普信评AAA的评级非常少，含金量高。但是，我们遇到的很多反馈是，很多优质的发行人在国内享有的地位是超级甲方，他们不需要任何评级机构给他们的信用做加持；而且，发债通常以包销的方式进行，不是市场定价，评级更多是为了满足入库和质押需要。另外，标普信评历史短，公开评级少，缺乏低评级的公开评级证明标普信评的区分度，所以发行人对于标普信评的评级还是存疑的。

所以，第一年取得标普信评评级的只有寥寥几位发行人：工银租赁、上海农商行和泸州银行。一年后，泸州银行评级到期了，没有再续合同。2021年，比较突破性的评级是中建丝路和中建基础，中建丝路的评级是Aspc，中建基础的评级是Aspc+。这和其他国内评级机构授予的AA评级比较，低了2级，有一定的区分度。

表6-2：标普信评发行人主体公开评级表

序号	发行人	评级结果
1	工银金融租赁有限公司	AAAspc
2	中国邮政储蓄银行	AAAspc
3	上海农村商业银行	AAspc-
4	摩根大通银行（中国）有限公司	AAAspc
5	花旗银行（中国）有限公司	AAAspc
6	中建丝路建设投资有限公司	Aspc
7	汇丰银行（中国）有限公司	AAAspc
8	中国建设银行	AAAspc
9	中国建设基础设施有限公司	Aspc+
10	北京国有资本运营管理有限公司	AAAspc
11	法国农业信贷银行	AAAspc

资料来源：根据公开信息整理，截至2021年7月19日

大部分公开了标普信评评级的发行人都是标普全球评级在中国或者国外的客户，他们对于评级的了解和标普的理念比较一致，而且他们在标普全球评级的评级也是有区分度的，所以他们愿意和标普一起给市场提供更多的透明度和有代表性的案例，推

动市场的发展。同时，因为标普全球评级在银行间市场已经颁布了不少资产证券化的评级，因此标普信评也对这些熟悉国际评级的客户授予了国内的证券化评级，主要是中国建设银行、招商银行和中国银行的RMBS，以及北京现代汽车、福特、宝马、大众汽车等的车贷资产证券化评级。这些资产的质量都非常好，A档证券的评级都是AAAspc（sf）。

当然标普信评团队也积极和非标普全球评级的客户接触，但这需要时间。我觉得主要问题有3个：第一，从投资者角度，信用评级现在在国内资本市场并不是必备条件之一，没有在定价和吸引投资者方面起到作用；第二，在高评级盛行的市场，发行人还是不愿意与众不同，取得一个较低的评级，大家都有"木秀于林，风必摧之"的担心；第三，即使和标普信评建立了合作关系，发行人还是需要一定时间适应国际标准的评级机构，例如问题太多太细、降级不可预测等。

标普信评这些新的评级也引起记者的注意和市场的关注，特别是非AAA评级的上海农商行和中建丝路。下面是《中国经营报》的报道摘要：

对于AAA级变为AA-级这个"不小"的落差，有接近上海农商行的一家券商高管告诉记者，上海农商行对此的态度是坦然接受，而且还选择公开披露。该高管表示，该行认为以其规模体量以及影响力，与工商银行（601398.

SH）这样的"宇宙行"本就没有可比性，作为中小银行，标普信评给出的AA-级别是客观的也是合适的。

而同样是中小银行的泸州银行（1983.HK），在标普信评评级披露近一年之后则选择了撤销该评级。

公开信息显示，2018年3月7日，中债估值中心给泸州银行首次AA-评级。2019年7月30日，标普信评受托评定泸州银行主体信用等级为BBB，展望为稳定。此级别在标普信评评级序列当中与AA-中间隔着4个级别。彼时，泸州银行亦选择了公开发布这一评定结果。

拐点出现在2020年6月24日，标普信评宣布，因客户表示不再需要保留评级，撤销泸州银行BBB的主体信用等级。并同时强调，撤销前的等级和展望恰当反映了标普信评对该行的信用观点。撤销之后的一个月，2020年7月27日，泸州银行的国内评级大公国际给出了AA级别；三个月之后的2020年11月2日更上一层楼，东方金诚给出了AA+评级。

相对于金融机构，标普信评的工商企业客户选择公开评级的更为罕见，中建丝路建设投资有限公司（以下简称"中建丝路"）是第一家。

2020年12月28日标普信评宣布，中建丝路主体信用等级为A级，展望为稳定。中建丝路为中国建筑（601668.SH）的全资子公司，是中建股份在新丝绸之路经济带沿线地区最重要的投融资建设集团，同时也担任着中建股份西北区域总部引领、统筹、协调职能，致力于打造"一流投资商、高端建造商、特色运营商"，助力中建集团打造世界一流企业。

中建丝路成立于2016年，此前并未在国内做过委托评级，其首次评级即选择了标普信评。

"作为一家2016年成立的、未来走国际化路线的企业，选择标普信评是因为与中建丝路的契合度比较高。标普全球评级的公信力在世界范围内首屈一指，而且其方法论不仅关注历史业绩，更关注企业未来的市场发展定位。"中建丝路资本事业部董事长杨静雅表示，中建丝路很认可标普信评给出的A级评级，该评级相对客观地体现出了中建丝路目前的信用质量。

杨静雅表示，企业要走向国际化，必须要得到国际市场的认可，中建丝路愿意接受公开市场中的投资者及相关各方的关注和监督，以助力企业快速成长，也非常有信心与志同道合的投资者共享长期发展红利。

潜在信用质量分析对于违约债券的风险提示

评级质量的重要考验之一是级别和违约率的关系。因为标普信评历史短，数据积累较少，公开的评级少，暂时缺乏这个数据。我们非常高兴磨刀不误砍柴工，公司在2019年根据3000个发行人公开信息做出的潜在质量分析中包括了违约的例子，非常有针对性地揭示了标普信评有区分度的评级和评级调整对于风险的提示，而且风险揭示是在违约之前2—3年，而不是国内通常的违约前断崖式下调：

第一，2020年3月，标普信评发布过一篇违约复盘报告，分析并列举了一部分违约前典型的重大风险预警信号，也包括对5家样本企业（如康美、康得新）的分析：

- 内控方面：诸如公司治理制度不够健全、频繁变更会计师事务所、高管人员频繁变更，或者股东之间矛盾深重、内控失败导致企业经营出现问题等各种因素，最终都可能让企业走上违约之路。

- 经营方面：比如商业模式异常复杂，产品或资金流转盘根错节；销售规模超出行业平均水平，却未有相应的竞争优势与之匹配；经营环境面临较大变化，行业景气度急剧下滑等。

- 财务方面：比如自身债务到期结构非常不合理，大量债务集中到期，再融资受到巨大压力，一旦某一笔债未能续上便形成违约等。

以康美为例，标普信评于2018年将康美药业潜在主体信用质量下调至BB-，降级反映公司自身以及母公司杠杆率快速上升，同时"存贷双高"也使标普信评对其现金是否可以用于偿付债务产生怀疑；2019年4月，再次下调康美潜在主体信用质量至CCC，降级反映了标普信评认为该公司再融资风险上升。在2020年2月3日，康美药业未能如期偿付"15康美债"回售本金及利息，宣告正式违约。标普信评提前两年揭示了康美的违约风险。

第二，在2020年，针对AAA违约的永煤和华晨汽车，标普信评进行了回溯分析。2019年初，标普信评对3000多家发债企业潜在信用质量做了评估，其中包括永城煤电，初始对其评估为BB大序列。2020年6月，在跟踪评估时，标普信评认为这家企业的化工业务已明显拖累了煤炭主业，其潜在业务状况发生了相应恶化，因此降低了对其潜在信用质量的评估结果，调整至BB-。8月，这家企业新发行债券在二级市场的估值发生较大变化，这表明其再融资将受影响，流动性较为紧张，根据标普信评的方法论，其潜在信用质量进一步恶化至B+。在永城煤电这一案例中，标普信评的观点是，其初始潜在信用质量已经偏低，说明其抗压能力偏低。在随后持续跟踪过程中，标普信评也较早发现了其潜在信用质量的变化。这些评估以及跟踪调整能够让投资者根据自身风险偏好做出比较多元化的选择，而不仅限于违约与否的二元选择。评级前瞻性和评级区分度是相辅相成的。区分度上，我们可以将市场上几千家发债主体放到区分度很大的等级序列当中，如此一来，投资者可以在具有信用区分度的发行人的信用质量变化时做出相应选择。比如，我们可以将一个BBB评级的企业调整为BBB+或者BBB-评级，来反映其信用质量的变化，如果是负面调整，对投资者而言就是一个预警。

第三，预警需要提前一段时间，甚至很长时间，而不是说明天违约了今天才提醒。永煤是2020年违约的，但其3年前的超短融每一期都兑付了。标普信评更多关注的是其信用状况朝哪个方向变化，变好了还是变差了。如果变差了，表明其信用质量在恶化，尽管可能并未到即将违约的地步，但评级机构也能提醒市场和投资者。因此，预警的前提就是要有足够的区分度，这是一个技术性条件。从技术角度看，拥有好的区分度和前瞻性，也就能较好地提前预警。

线上研讨会极大地推动了市场影响力的提升

新冠疫情对大家而言都是前所未见的。2020年上半年，别说出差，我们基本都足不出户，不能出去拜访客户、承销商和投资者，这对于新成立的公司来说是致命的挑战；因为标普信评新的评级理念，特别是和国内现存的评级体系完全不一样的评级体系，是需要和客户面对面交流才能更容易理解的。标普信评团队通过多次交流和探讨，在2020年3月30日启动了标普信评周年庆系列活动，和中债登、中国银行、彭博、中金等国内外知名机构合作，邀请各行业嘉宾作为发言嘉宾，共同推动标普信评的评级体系。我自己除了担任发言嘉宾，还积极邀请市场上志同道合者做发言嘉宾，参与标普信评的研讨会。我还邀请了母校中国人民大学的FICC协会支持，在FICC研讨会分享了标普信评的理念；后来还参加了人民大学FICC理事会的活动。总而言之，就是调动一切资源，扩大标普信评的影响，推广标普信评的理念。从宣传效果看，因为新的环境下大家都慢慢改变了传统的当面交流的习惯，线上研讨会对于一家小规模的新公司，无论在影响面还是时效上都是有利的；特别是我在前面提到的永煤违约发生后，标普信评快速举行线上专题研讨会和市场分享了信用观点，取得非常好的效果，吸引了超过5000名参与者。

有段时间工作进展得很慢，我也非常着急。那段时间因为疫情仍较为严重，我和我先生都居家办公。为了能够保证"革命工作"健康生活50年，我们养成很好的习惯，晚饭后绕着小区散步两圈。我们白天各自都在开会，我占据了一楼的饭厅，他在地下室的书房，彼此互不干扰，只有在吃饭时间见面。我们利用散步时间会好好聊聊工作，还有家里的各种事情。因为我先生早年创业，我遇到业务停滞不前的时候，也会很虚心问他们当初创业成功的关键因素是什么。他很直接回答："客户有需求，我们能够满足客户的需求，所以我们业务发展得很快，当然就成功了。这个市场上，谁对标普信评的评级有需求呢？"

　　我："发行人为了发债要取得评级，但真正最关注信用风险、要看评级的是投资者。说到底，评级是为了投资者服务。"

　　我先生："投资者需要有质量的评级，这就是你们的价值，你们要抓住投资者。"

　　我："但是我们的业务不是投资者委托的，我们是发行人委托的。发行人都喜欢高评级。"

　　我先生："你们只能做好投资者的工作，让投资者把你们当作首选。"

虽然我先生不了解国际评级逐渐掌握资本市场话语权的历

史，但商业逻辑是相通的。的确，当初国际评级的起源是投资者付费的，在金融危机中，市场参与方认识到了评级的价值，发行人才开始愿意付费，向评级机构提供资料并展开合作，演变成了目前大家都认可的发行人委托评级业务模式。而标普信评在中国的公开评级这么少，投资者怎么能够仅凭对标普品牌的信心就使用标普评级呢？另外一个潜在风险是，现在超过25万亿元的信用债的评级级别都在AA以上，如果一下子对如此庞大的资产的评级做出急剧的变化，会迫使很多机构投资者被迫斩仓，可能导致市场的急剧波动。我深深意识到，在一片空白的市场建立一个标准，比在现有的、扭曲的市场上建立新的标准，不知容易了多少！

我一直非常感恩市场上为了改革信用评级市场而积极努力的机构和个人，即使大家都意识到了中国信评市场的问题、改革的难度，还是有很多有识之士主动站出来，从不同的领域推动市场的进步和改革，我们的努力也被他们关注到了。2020年7月27日，标普信评首次参与中国保险资产管理业协会的2020年信用评级机构评价，我们非常荣幸地取得第三名的佳绩；而且在2021年成绩提升到了第二名，仅次于投资者付费的中债资信，位列所有发行人委托的评级机构之首。

表6-3：2020年信用评级机构评价

机构名称	最终得分
中债资信评估有限责任公司	81.98
中诚信国际信用评级有限公司	77.62
标普信用评级（中国）有限公司	72.72
上海新世纪资信评估投资服务有限公司	71.18
联合资信评估有限公司	70.78
远东资信评估有限公司	69.50
联合信用评级有限公司	62.03
东方金诚国际信用评估有限公司	61.35
中证鹏元资信评估股份有限公司	60.85
大公国际资信评估有限公司	56.56

资料来源：中国保险资产管理协会官网

中国保险资产管理协会的年度评价结果分为综合素质得分和最终得分两部分。综合素质得分由基本素质、评级质量、监管评价得分加权汇总形成，反映了评价期内信用评级机构的整体评级能力。最终得分在综合素质得分基础上，由评审专家根据评价对象在评价期内是否发生重大信用评级事故、是否存在人员或机构违规等方面的问题，按照问题的性质、发生频率以及后果，对相应信用评级机构进行减分，反映了评价期内信用评级机构的整体评级表现。

我自己身体力行，积极参与各式各样的研讨会推广标普有区分度的评级理念。在送别前美国驻中国大使的宴会上，我甚至还抽空给了大使一张我的名片；其他参会嘉宾主要怀念以前参加大使宴会的美好时光，我却琢磨着让美国大使回去后在美国投资者面前宣传标普信评——如果他们对中国债券资本市场感兴趣，欢迎他们与标普信评联系，我们可以用他们熟悉的评级理念、语言同他们交流中国的资本市场和信用情况。

2020年9月6日，我代表标普信评在中国国际金融论坛发表了演讲。论坛的主题是新金融、新开放、新发展，监管领导和其他外资金融机构的发言，都是针对资本市场改革的，聚焦如何吸引外资和金融机构进入国内市场，推动市场改革。我代表标普信评表示，评级是资本市场的基础设施之一，其中很重要的就是风险定价。标普信用评级的评级理念跟标普全球评级是一致的，独立、透明、客观；评级是可信赖的、有区分度的、跨行业可比、有前瞻性的。我还强调了标普信评在运用标普全球的影响力和网络持续地跟国际投资者交流，积极引进国际投资者。我们也利用这个高层论坛再次强调标普信评进入中国的使命，即打造中国的信用基准。评级是资本市场的基础设施之一，能够发挥到诸如定价、揭示风险、提高市场效率的作用，能够助力资本市场可持续发展、深化改革开放。

2020年9月26日，为庆贺富时罗素公司宣布中国国债将被纳入富时世界国债指数，《上海证券报》采访了国内债券市场相关人士，有中债估值公司总经理、德意志银行中国区副行长，我也很荣幸接受了此次采访。采访中，我们从各自的领域分享了对于债券市场改革开放的看法；我表达了标普信评以和国际接轨的评级体系服务于境外投资者投资中国债市的愿景。

在这个采访中，除了再次强调标普信评建立国内信用基准的战略，我们也谈到和全球评级不一样的、备受争论的本土方法论和国内断崖式评级下调的情况。下面是采访节选。

为了让市场接受标普信评的评级方法与理念，陈红珊和她的团队做了大量市场交流工作。"我们不仅和国际投资者保持密切联系、解答他们的疑问，也通过各种研讨会和国内的各类发行人、投资人、承销机构交流。"

为何对中国境内市场采用单独的信用评级方法和标准？标普信评展业后，很快就遇到了市场的争议。

相关文件显示，标普信评以在全球推行的信用评级方法和标准为基础，制定了针对中国市场的评级方法和标准，但与其国际评级方法和标准没有映射关系。以标普信评入华后首个境内评级工银金融租赁有限公司为例，工银租赁获主体信用评级AAA，展望稳定。标普全球曾在境外市场给予工银租赁主体信用评级"A/A-"，与标普信评在中国境内的AAA级评级有较大差异。

为何同一个主体的境内境外信用等级截然不同？

陈红珊解释说，标普境内境外的信用原则在本质上一样，只不过一个是"本土评级体系"，另一个是"全球评级体系"。全球评级是基于全球比较，需要包括国别风险、制度框架等与不同国别司法管辖相关的因素，具体企业的评级，通常不会高于其所在国主权信用评级这一"天花板"。但是本土评级是针对中国境内市场，因此拿掉了国别风险等因素。"两者涵盖范围不同，不能直接类比。"

"不同企业在同一个国家里相互比较，是无须考虑国别风险的。因此，区分度也会更好凸显出来。"陈红珊打了个比方，说本土评级体系就像拉皮筋一样，可以拉得更长，资质最好的发行人就会出现在皮筋一端，资质疲弱的发行人则出现在皮筋另一端，区分度也就自然被拉开。

"某只债券有风吹草动，评级很可能会断崖式下跌，这种现象在中国债券市场已是屡见不鲜。这种'评级悬崖'说明评级没有发挥及时向投资者揭示风险的作用。"

陈红珊说，标普全球展业历史长，积累了充足的数据来验证评级的稳定性和前瞻性。一个企业在违约之前的评级是如何迁移变化的，标普全球会有相应的数据来佐证。

"由于标普信评进入中国时间较短，数据积累较少。不过，我们应用自己的评级方法论对5家典型公司进行了案头分析，分析的时间起点为违约或发生其他重大风险事件之前2—3年，以展示违约前公司业务、财务风险的变化和各项事件对其潜在主体信用质量的影响。"陈红珊说。

该公司提供的一份题为《鉴往可以昭来：复盘企业违

约征兆》的复盘报告显示，标普信评在做案头分析时，在理论上于2018年将康美药业潜在主体信用质量下调至BB-，降级反映公司自身以及母公司杠杆率快速上升，同时"存贷双高"也使标普信评对其现金是否可以用于偿付债务产生怀疑；2019年4月，再次下调其潜在主体信用质量至CCC，降级反映了标普信评认为该公司再融资风险上升。

在现实中，2020年2月3日，康美药业未能如期偿付"15康美债"回售本金及利息，宣告正式违约。"这也证明我们的评级方法论是可信赖的、具有前瞻性的。"陈红珊说。

2020年11月12日，我参与中国高层发展论坛，并接受中央电视台采访。因为疫情，这届中国高层发展论坛以"后疫情时代经济复苏与国际合作"为主题，围绕"十四五"规划框架与2035年远景目标、加快形成新发展格局、全球合作共抗疫情、产业链供应链合作等一系列重大议题进行探讨。此次论坛为期3天，在线上线下同步举行。我接受采访时再次强调，希望标普信评能助力中国资本市场改革开放，让债券市场更加高效、更加全球化。

2020年下半年，市场出现了华晨汽车和永煤从AAA级别直接违约的案例，震惊整个资本市场，对于评级丧失独立性和没有履行资本市场"守门人"职责的批评达到了前所未有的激烈程度。

标普信评的研究中刚好包括了永煤，于是我们马上举办研讨会和市场分享标普信评的观点，参会人数超过5000多人，创下了标普的最高纪录。

评级业十字路口：32只"AAA"级债券违约，占历史总规模近70%！债市评级"守门人"为何频频"失守"？

2020年11月27日　来源：《经济观察报》

"不再相信评级了！"在席卷信用债市场一个多月的违约风暴中，债市投资人口中屡屡发出这样的感叹。

2020年以来，AAA评级债券的违约数量明显激增。自2014年债市首例违约开始，6年间共46只发行时主体评级为AAA的债券发生实质性违约。其中仅今年以来就有32只，占比近70%。近期华晨汽车、永煤控股、紫光集团等获得AAA评级的国资背景主体依次违约爆雷，揭开了高信用等级债券风险释放的盖子，更是让评级虚高的拷问甚嚣尘上。

"符号失真"——这是债券圈认为信用评级行业存在的最大痛点，"AAA评级"从投资者多年投资逻辑的信仰里趋于崩塌。

这让浸淫信用评级行业超过10年的徐皓（化名）如坐针毡。"行业传统的规则正在被打破。"其实，他深知国内评级标尺越发扭曲、评级生态亟须改变的情况。他也坦言，银行、公募基金等债券买方机构投资者不以评级机构的评级为标准，一般都有自己的内评。

一家国内机构的高管向《经济观察报》记者直言："当下这个评级体系，投资机构没法用。"

市场热议信用评级机构作为资本市场"守门人"的作用，推动了监管对于改革信用评级市场的决心。2020年12月11日，我参加人民银行潘功胜副行长主持的评级行业发展高层会议，并作为评级行业唯一代表和大家介绍了标普信评有区分度的评级体系。这次高层会议引起市场高度关注和媒体广泛报道，加速了中国信用评级行业改革的进程。

经济日报-中国经济网 北京12月14日讯

记者：陈果静

12月11日，人民银行组织召开信用评级行业发展座谈会，会议由人民银行党委委员、副行长潘功胜主持。发展改革委、银保监会、证监会相关部门和交易商协会负责人，以及市场评级机构、发行人、投资人代表参加会议。

会议认真总结了近年来信用评级行业发展情况和有关

问题，交流借鉴国际评级机构业务开展的经验，研究讨论了进一步规范发展中国信用评级行业的措施。

潘功胜指出，信用评级是债券市场的重要基础性制度安排，关系到资本市场健康发展大局。近年来，中国评级行业在统一规则、完善监管、对外开放等方面取得长足进步，但也存在评级虚高、区分度不足、事前预警功能弱等问题，制约了中国债券市场的高质量发展。评级行业应认真总结经验教训，坚持职业操守，勤勉尽责，努力提高评级能力，提升评级质量。监管机构、发行人、投资人等各方应各尽其责，共同推动中国评级行业健康发展。

潘功胜强调，人民银行将会同相关部门共同加强债券市场评级行业监督管理，强化市场纪律，推动中国评级技术的进步、提高评级质量，提升信用等级区分度，进一步推动评级监管统一，真正发挥评级机构债券市场"看门人"的作用，促进评级行业高质量健康发展。

2021年1月12日，标普信评发布《如何理解标普信评的评级体系及信用区分度》的研究报告，比较中国AAA评级的企业在标普信评体系下的评级分布，在市场上引起比较大的反响。我在此引用媒体报道：

"也就是说，当下1100余家市场评级为AAA的企业，按照标普信评的方法和分析，能够达到AAA标准的不超过10%。其他90%的企业广泛分布于AA+以下，最低的甚至分布在B+级别。"有专业人士表示，标普信评的这个报告，在评级系列里做出了相当大的区分度。

而在2020年11月，标普信评以170家中资银行为样本的潜在信用质量分析报告的结果，亦能够支撑上述结论：即现存近60家国内AAA级别的银行，真正能够留在该级别的也仅有五六家。

2021年4月1日，《第一财经》发表对我的独家专访，回顾了标普信评在中国资本市场建立高质量评级体系所做的努力、存在的问题和前景。

标普信评入华两周年，"AAA执念"下外资活得怎么样？

来源：《第一财经》

在中国，至少2A、2A+评级的债券才能入池，标普信评等外资评级机构将如何开展业务？在质疑声中，标普信评在中国内地成立并运营已满两年。

近期，标普信评总裁兼首席执行官陈红珊接受了《第一财经》记者的独家专访。"我们展业伊始制定的战略就是，打造中国信用市场的基准，为境内外投资者提供具有区分度和前瞻性的信用评级。"该机构在今年1月发布了对约1700家企业的案头分析，显示这些企业的潜在信用质量分布从[AAAspc]（spc为标普信评的特殊评级符号）到[Bspc−]及以下，共16个子级，中位数为[BBBspc]序列。

尽管如此，如何真的让发行人接受并愿意使用低于AA的评级，仍是最大的挑战，毕竟不过一定评级门槛的债券将难以发行或"入池"投资机构备选标的。不过，去年11月，内地评级机构给出AAA评级的永城煤电（以下简称"永煤"）成为转机。当时，标普信评给出的潜在信用质量评估（非正式的信用评级）从2020年6月的[BBspc−]降至[Bspc+]。

118万亿元规模的全球第二大债市要一夜间改变评级结构并不容易，也要考量转型风险。不过，陈红珊表示，或许"双评级"尤其是鼓励包含有区分度的评级是一个过渡的选项。"我们希望和不同资质的本地企业合作，但的确部分信用比较弱的发行人，可能现阶段没有太大动力获取更低评级。不过他们可以利用具有区分度的评级更好地了解在同业中的相对排序和信用状况，并以此作为参考提升内部治理。等未来市场改革逐步成熟，AAA执念渐渐淡出，评级区分度扩大，发行人自然就会接受并使用'另一个评级'。"

去年12月，央行副行长潘功胜表示，要提升信用等级区分度，进一步推动评级监管统一，真正发挥评级机构债券市场"看门人"的作用。

值得一提的是，在这个百万亿元规模的债券市场，国际投资者持有比例只有3%，缺乏与国际接轨的评级区分度仍是他们难以加码中国信用债市场的主因。陈红珊称："目前的准备工作也是为了将国际投资者所熟悉的全球评级原则带到中国市场，与我们对本地市场的经验相结合，促进中国市场和全球市场的融合。"

2021年7月16日，我在中国保险资产管理协会的"信用风险评价人才精英实验室"研讨会上发言。为了全面提升保险资管机构的信用风险分析能力、拓展从业人员信用风险管理国际视野、加强行业信用风险评价人才队伍建设，协会和标普信评合作打造了这个项目。本项目从信用风险评价能力建设出发，设置专业系统的授课、小组研讨、报告撰写、专题会议等环节。

"不积跬步，无以至千里。"所有这些工作的点点滴滴，都是标普信评在国内资本市场发展的一步步。标普信评展业第二年，在保险资管协会关于信用评级机构的评比中排名比上一年提升了一名，获得第二名，仅次于投资者付费的中债资信评级，位于所有发行人付费的评级机构之首。

表6-4：2021年信用评级机构评价

机构名称	最终得分
中债资信评估有限责任公司	74.29
标普信用评级（中国）有限公司	71.32
联合资信评估股份有限公司	71.19
中证鹏元资信评估股份有限公司	71.12
中诚信用国际信用评级有限责任公司	68.38
远东资信评估有限公司	68.08
上海新世纪次评估投资服务有限公司	66.05
大公国际资信评估有限公司	64.01
惠誉博华信用评级有限公司	63.70
东方金诚国际认用评估有限公司	55.12

资料来源：中国保险资产管理协会网站

第二节　搭建中国资本市场和国际投资者的桥梁

随着中国资本市场快速发展，截至2021年底，中国债券市场托管余额为133万亿元人民币，仅次于美国，成为全球第二大的债券市场。随着中国债券市场的改革开放，越来越多的国际投资者进入中国市场。截至2021年12月末，境外机构持有银行间市场债券4万亿元，较2020年12月末，境外机构增持约7500亿元，所占比例为3.3%。不过，这一比例远低于其他国家国际投资者持有国内市场的比例，例如在美国是25%，韩国是5%。在中国，国际投资者对国债、政策性金融债等利率债情有独钟，占其持债总额近95%。这给我们提出了一个挑战：如何吸引国际投资者扩展投资债券的范围，从利率债扩展到规模已经高达25万亿元的信用债。除了对税收、流动性等因素的要求，高质量的国际投资者信赖的信用评级是一个关键因素，这也是我们每次和国际投资者以及国际承销机构交流时，他们对标普提出的诉求。

当前，投资中国债市的境外机构主要为资产管理公司、商业银行、各国央行，以及其他金融机构和中长期机构投资者。如果根据当前持仓情况和交易活跃程度进一步来分类，目前参与境内市场的主要外资机构为境外央行类、海外对冲基金类、中资金融机构境外子公司以及境外被动指数型基金。这些境外投资者进入中国债券市场主要有以下4类渠道：

（1）合格境外机构投资者（即QFII和RQFII）渠道

此渠道投资灵活性较差，监管严格，适合具有中长期投资需求的大型境外配置型投资者。

（2）直接投资中国银行间债券市场渠道（即CIBM）

准入规则相比QFII宽松许多，几乎放开了银行间债券市场的所有限制，但操作的灵活性依然很差。适用于境外央行或货币当局、港澳地区人民币清算行、境外跨境贸易人民币结算参加行等三类机构。

（3）债券通渠道

2017年，债券通的启动标志着中国债券市场对外开放的重要里程碑。债券通交易效率高、门槛低、机制灵活，能够吸引大量中小型、交易型机构入市。

（4）在中国债券被纳入国际债券指数后，通过被动债券指数基金等被动债券类、指数类产品来实现

目前三大国际债券指数已经纳入了中国的利率债，将一共吸引2700亿美元外资进入中国市场：

- 2019年4月1日，彭博巴克莱将中国国债和政策性银行债纳入其全球综合指数。在20个月内完成了纳入彭博巴克莱指数后，中国债券在该指数权重约为5.49%，人民币在该指数中成为继美元、欧元和日元之后的第四大计价货币。全球范围内跟踪彭博巴克莱全球综合指数的资产规模为2万元—3万亿美元，因此，完全纳入后中国债市将迎来1200亿—1800亿美元的资金流入。但考虑到指数完全跟踪的难度较大，流入中国债市的资金可能会少于1200亿美元。

- 2020年2月28日，摩根大通将中国政府债券纳入其新兴市场政府债券指数，将9只中国国债纳入指数，纳入后中国国债占比将达10%，已经达到国别占比上限。摩根大通全球新兴市场多元化指数则是在10个月内完成，可带来200亿美元资金流入。

- 2021年10月29日，富时罗素公司正式将中国国债纳入富时世界国债指数。中国国债将在未来36个月内分批纳入富时世界国债指数，其权重在2024年9月完全纳入后，预计将达到5.25%左右。此次纳入富时世界国债指数或带来1300亿美元至1575亿美元的资金流入。

中国债券纳入全球指数一方面会带来大量的被动资金流入，即全球范围内跟踪这三大指数的资金；另一方面也会带来一定的主动资金流入。

另外，彭博还在2020年成立了国内信用债券指数，以吸引更多国际投资者投资信用债券。2020年11月，彭博推出中国高流动性信用债（LCC）指数，首次采用国际评级机构对于发行人的评级，并将交易中心的债券成交数据作为纳入标准，追踪银行间信用债市场中具有较高流动性、可交易的债券，旨在帮助全球投资者更好地了解和投资中国信用债市场，也为将来最终把人民币计价的信用债纳入全球综合指数奠定基础。LCC指数推出之后，LCC指数市值呈增长趋势，已有更多发行人和债券被纳入LCC指数，且到目前为止，LCC指数的成分债券无违约出现。这一点我在国际评级部分也有过详细讨论，在国际评级体系，投资级以上的债券违约率非常低；中国市场这么多年，在投资级别违约的债券仅有天津物产和重庆能源两家。

为了帮助全球投资者加深对信用债的了解，推动国际投资者投资国内信用债。标普信评凭借标普全球评级网络，积极和全球机构投资者沟通，分享国内债券发展和信用观点；组织了和彭博、中债登、中金等知名国内外金融机构的交流活动。很多国际投资者受制于背后的投资者或者是监管机构对于NRSRO国际评级的要求，他们对标普信评的要求基本是：第一，国内评级需要和国际评级建立映射关系；第二，如果国际评级和国内评级因方法论差异无法建立映射关系，那么需要标普信评颁布更多的评级，这样国际投资者可以自己建立映射关系。即使标普信评难于在短期内颁布更多的委托评级，颁布主动评级也可以帮助国际投资者更好了解国内信用债市场。

为了满足投资者的要求，标普信评基于公开资料并应用标普信评的方法论，对中国143家有标普全球评级结果的非金融企业进行了案头分析，展示了标普信评案头分析与标普全球评级结果的大致关系：标普信评与标普全球评级的评级体系具有一致性，但二者并没有映射关系。在提供有区分度和有合理相对顺序的评级结果方面，二者是一致的；从案头分析的分布看，由于没有主权评级的限制（标普全球评级对中国的主权评级为A+，中国所有的主体评级都在A+以下），标普信评的结果分布更加广泛。

第三节　市场驱动下的信用评级行业渐变

我在前文提到，中国评级市场在经历一个从零到一的过程。这个零代表了我们在中国评级市场从零开始建立信用基准，建立有区分度的评级体系。我在标普信评工作期间，既看到了监管的决心、市场参与者的努力，也看到了各方的无奈和纠缠不清的矛盾。

资本市场的改革开放是双向的。标普信评和惠誉博华这样的外资评级机构进入中国，秉承国际评级的原则和评级方法，在国内信用评级市场展业，给国内市场带来不一样的声音，遗憾的是，并没有像一开始大家期待的那样起到鲶鱼效应。两家外资评级机构仅在资产证券化评级市场略有建树，主要原因在于，很多资产证券化的客户本来就在和三大国际评级机构合作，早早取得国际评级以吸引国际投资者；而且这些客户在资产质量、交易结构等方面都是行业最高标准，已经取得了国际评级AAAsf的评级，因此这些客户对于取得标普信评和惠誉博华的评级是非常顺理成章的。但是，外资评级机构在信用债领域则乏善可陈，因为国内市场仍属于发行人驱动的市场，发行人对于高评级的执念在短期内难于撼动。

另一方面，国内评级机构纷纷在香港开展国际业务。自从

2012年7月31日国内最大的评级机构中诚信在香港成立了中国诚信（亚太）信用评级有限公司（简称"中诚信亚太"），联合资信、大公国际等国内评级机构也纷纷在香港成立了评级机构，都取得了香港证监会10号牌照，在香港提供评级业务。它们开始给国内发行人（特别是房地产公司）提供国际评级服务，而且评级体系和国内的完全不一样，一般只比国际评级高一个到两个级别，具有区分度。当然，我们和国际投资者/承销商访谈时也了解到，国际投资者暂时并不把这些评级作为投资指引。

监管部门发布的重要改革文件《关于促进债券市场信用评级行业高质量健康发展的通知》在2022年8月6日开始实施了，我们也看到了可喜的变化。2021年，评级下调数量第一次超过了评级上调，且暂时没有发生AAA直接违约的现象；但是，因为监管不再强调发债环节需要评级，在投资者的影响力没有形成以前，无评级的债券比率急剧增加到了30%。我们需要更多一点时间观察市场在监管大年后的走势。大家都拭目以待市场的发展变化。我访谈了一些市场参与者，他们从不同的角度分享了看法、建议和期待。

投资者的反馈

国内大型固定收益总经理

2022年4月26日，电话访谈

Q：请问您投资时参考国内评级吗？

我们不看国内评级的，因为没有参考价值。我们会参考中债登的隐含评级。如果这些发行人有国际评级，我们也会参考国际评级。如果隐含评级是AA+，出现市场风险、流动性风险、价格暂时波动的时候，我们也会和投资者交流，给他们信心。

Q：现在标普在中国已经成立了标普信评，您觉得它们的评级对您有帮助吗？

我觉得标普信评的理念是对的，但是覆盖太少，对我们没有帮助。而且现在中国市场存在的问题不是标普信评能够解决的：

第一，国际评级的方法论在根本上依赖财务三张表（利润表、资产负债表和现金流表），但在中国，现在发债的主要是城投公司，新发债城投公司占了60%，这不是国际评级公司的长项。如果民企公司能够多发债（记得它们在2017年占发债规模的14%，现在比例下降到7%），那么国际评级就有价值。

第二，银行占了投资的主流，它们对于定价和风险的看法和我们纯做固定收益的很不一样，不市场化。如果承销和投资都是银行占了主流，这个债券市场也不是市场化的。

我们对信用的看法比较直接。比如韩国有两个政府主体发债，韩国开发银行没有担保，另外一家有韩国政府白纸黑字的担保，它们的价格就是便宜一点。

Q：您觉得什么情况下中国能有让投资者认可的评级机构呢？

我们也不知道。如果监管有决心，我们认为可以做到的。如果靠市场驱动，我们觉得难。

发行人的反馈

融资部总监，某大型国有企业

2022年4月28日，电话访谈

Q：上次您说到因为贵司是央企，大家对公司特别放心，因此自从监管机构降低对评级依赖后，在国内您就不用债项评级了。您会一直用主体评级吗？主体评级的价值是什么？

用主体评级就是为了证明我们是AAA的企业，投资者也非常了解我们，所以债项评级我们就不用了，对我们发债没有影响。

Q：因为央企的信誉，所以您会觉得国内评级对民企价值更大吗？

对。如果外部评级是不错的评级，对民企是一个加持。

Q：现在监管机构积极推动评级改革，您觉得国内评级机构会下调央企到非AAA吗？如果他们这么做，您能接受吗？

如果有区分度的评级出来了，我们是没有问题的，因为同时存在这么多AAA公司本来就不科学。但这需要时间，很长很长的时间。因为中国债券市场和评级的发展也就是近20年的事情，我们的债券市场也不是一个完善而成熟的市场。我们很高兴看到监管改革的决心，市场已经意识到了这个问题，但是需要时间。

Q：中国投资者会接受国内评级吗？

如果评级有质量，投资者会接受的。我了解到现在中国投资者主要看隐含评级，AAA的公司各自的隐含评级是不一样的；还有投资者有自己的内部研究。

承销商的反馈

项目负责人，国内头部券商

2022年4月28日，电话访谈

Q：随着对中介机构监管和处罚的加强，贵司对合作的评级机构有白名单吗？

没有。因为目前我们绝大多数客户都是存量客户，他们已经取得了评级，我们不会影响他们挑选评级机构。我们公司很看重客户的风险，在挑选客户的时候我们主要凭我们有区分度的内评系统，甄选客户。

Q：在目前这个市场下，您更注重评级高低还是评级质量？

我觉得现在的评级体系很难改变成具有区分度的，像中诚信等有BCA（独立信用评级），但最后主体评级还是比较高的。而且，监管机构只是金融领域的，管不了其他领域的发行人。评级高的客户还是容易发债，像很多城投公司的KPI是提升评级，而且有规模小的评级机构愿意配合授予高评级，所以评级虚高的现象暂时很难有根本的变化。

Q：如果注重评级高低，怎么管理高评级违约的风险呢？如果是高质量但级别较低的评级，可能又无法吸引投资者。您怎么看这个问题的？

刚才我们谈到，在虚高的评级下，我们只能根据内评来区别风险。现在投资端也放宽评级要求了，可以到BBB。这个改变需要比较长的时间。

Q：如果债券包销是常态，那么评级的价值在哪里呢？因为和定价以及吸引投资者都没有关系。

市场的改革的确需要时间。无论是银行包销，还是券商为了排名愿意亏损低价发行，还是优质发行人只取得主体评级然后发行无评级的债，这些问题都会存在一定时间的。我们也没有好的方式解决这个问题。

Q：您觉得外资评级机构的突破在哪里？

需要更多的覆盖。我们关注到了标普信评的标杆评级，但覆盖太少，而且有些是投资者不感兴趣的发行人，也是没有影响力的。我们非常期待标普信评能够提供更多、更广泛的主动评级。

中国评级机构的反馈

项目负责人

2022年4月30日，电话访谈

Q：去年第一次评级下调超过上调，这个趋势会持续吗？有区分度的评级正态分布会实现吗？

我觉得会实现的，特别对于大型评级机构而言，评级分布会逐渐变得更有区分度，最后实现正态分布。我们理解标普信评的正态分布中位数评级是BBB，可能其他国内评级机构的中位数会高一些。例如中债资信对每个行业的中位数可能略不一样，在A、A−等。总之，AAA直接违约这种事件可能以后不会发生，对评级的动态管理会更好、更及时和更严格。

Q：我们都关注到中国加强了对评级机构的监管，债项评级减少。您能畅想到3年以后，国内评级行业是什么局面吗？如果评级质量提升了，发行人愿意支付高的价格吗？

我们觉得这个行业需要时间发展到更加健康有序的状态。因为监管不再强制发行端要求评级，于是信用最强的发行人就不需要债项评级了，然后这种做法蔓延到AA+的地方融资平台，他们经常发债，投资者很了解他们。我们虽然不提供债项评级了，但还是需要出示一封信给承销机构证明这个债项的信用质量的，只是不收费而已。我觉得无评级债券发行的比例到了一定程度会停下来，投资者不熟悉的、不是经常发债的发行人还是需要评级的。信用评级是一个很小的行业，3年后评级质量会好一些。但是，因为国内债券市场特点，很难像国际评级一样收费的。

Q：监管说要把评级市场从监管驱动改革为市场驱动，但是如果债券市场不是市场驱动，而是盛行类似债券包销的形式，那么评级就失去了区分风险和定价的意义。您觉得这个改革怎么进行？

不单是债券包销，我们的市场是为了保证发行人能够融资，所以不是一个纯粹信用评级市场。如我刚才说的，改革需要时间。

Q：如果债项评级少了，这个市场能容纳14家评级机构吗？会有评级机构退出这个市场吗？

可能通过强监管，有些机构因为高额罚款和停止业务，从经济上实在无法经营下去，选择主动退出。

后　记
向前一步

亲爱的标普评级同事：

在我们庆祝标普信评4周年和标普全球评级服务于中国全球评级市场30周年之际，我想借这个机会回顾我们在中国的发展历程，并且表达对陈红珊女士的感谢，她是一位出色的领导者和同事，并且对我们发展到今天发挥了至关重要的作用。

红珊在标普服务超过12年，包括任职标普信评总裁近两年的时间，她为标普信评在国内的成功和影响力的提升作出了巨大贡献。在任职总裁期间，她负责业务能力提升、在交易所市场的业务发展，同时带头推进和市场参与者的深层交流。在此之前，红珊带领标普全球大中华区销售团队推动了我们跨境评级业务的发展。

红珊在她标普的卓越生涯中，给我们展示了她的诚实正直、精力充沛和承诺奉献。作为一个领导者和朋友，她的热诚和奉献一直在激励着我们大家。红珊还积极支持多元化、平等和包容（DEI）的文化，多年来在中国公司领导北京女性发展团体（WINS）和推动员工资源团队（PRG）的发展。在业界，很多市场参与者和领导者给予红珊高度评价，这也是她专业能力和领导力的佐证。

红珊不久前离开了她在标普评级的职务，最近刚刚退休。我们深切感谢她对公司的贡献，并祝她退休一切都好，现在她可以花更多时间和家人在一起，开始新的篇章。

MARTINA CHEUNG

标普全球评级总裁

2022年7月19日公告：标普中国，标普全球管理委员会，标普亚太管理委员会

这是标普全球评级总裁MARTINA CHEUNG女士在2022年7月19日发给标普评级在中国所有员工、标普全球管理委员会、标普全球亚太管理委员会的邮件，高度总结了我在标普13年的职业生涯，也意味着我将开始生命中新的篇章。

我在标普工作了13年，因为工作关系，交了很多朋友。因为志同道合，有些朋友成为知己。他们不单在工作中给了我很多的

支持和帮助，而且在我写作这本书的时候，经常和我交流，带来温暖的友情和专业的指导；有朋友还在百忙中接受我的访谈，从他们的专业角度，带着呵护中国信用评级市场行业并且希望这个市场健康良性发展的期许，和我以及读者们分享了他们的看法。我非常敬佩在国际评级领域的朋友们，和他们一起工作了10年，非常理解大家多年来在快速发展的市场中保持独立和公平的评级意见是多么的不容易。我也特别尊重在国内信用评级行业工作的朋友们，每个行业都需要薪火相传的精神，他们一直在坚持不懈地努力改善这个行业的生态。出于种种原因，很遗憾我只在中国信用评级行业工作了近2年时间，但仍希望为信用评级行业的改革和发展起到了一点点的作用。信用评级改革和发展是一个长期的事业，我相信只要这个行业的参与者一直努力和坚持做对的事，总有一天这个行业会回归本源，我们每位从业人员也会以在信用评级行业工作为荣。

我也想借这个机会向一些发行人和债券承销团队的朋友们再解释一次，我们听到了大家觉得评级太低或者评级下调不合理的反馈，这或许让大家在企业里遭到一些不理解并承受压力；但评级公司必须坚持独立性和透明度原则，商务团队不能影响分析师的独立性。我们相信，随着信用评级的理念慢慢被大家接受，大家都会更加理解信用评级和相关参与方的工作的。感谢大家一直以来的支持。

我们每天都面临工作、家庭和生活中的各种问题。我也不例外，除了忙碌工作、管理团队，和总部上传下达，由于我先生工作非常忙，我还需要照顾好家庭，和女儿交流，关心妈妈的生活。我每天提醒自己，无论是想事还是做事，都要努力多想一点、往前多做一点，这样我才能有更大的发展空间，有能力帮助到更多人，也给女儿树立一个好的榜样。

我在标普全球评级工作的时候，可能是在外企的原因，我发现同事们都比较年轻，入职时间也比较短，而且大多专注于业务和专业领域，不是很了解、也不经常参与关于公司文化的各种活动。于是，我就主动和同事一起推动标普全球评级的文化建设，因此也得到了标普文化多元化的奖项。到了标普信评以后，因为绝大多数同事都是新招聘的，为了能够让大家更好地了解公司文化、建立归属感，我更加关注公司文化建设，即使在疫情期间，我们也以线上+面对面的方式举行各种员工活动。我无论多忙总是积极参与，而且我的家人也非常支持，我先生黄颖和女儿Grace都是积极分子，是积极参与者和一直热情给大家鼓掌加油的最佳观众。

2020年，在北京疫情防控形势下，大家可以出门运动了，我们组织志愿者在线下到朝阳公园跑步，不方便出门的同事或者在其他城市的同事则云参加运动。为了鼓励大家积极参加，我以身示范，穿上芭蕾舞裙，做出广告邮件发给同事们，呼吁大家多参与公司活动，和同事多互动交流，这也有利于身心健康。

很不巧，跑步那天很冷，我和我先生穿得像狗熊一样地在朝阳公园开跑。特别感谢组织的同事胡楠，他需要提前几个星期组织活动，申请经费，了解朝阳公园疫情期间的入园政策，活动进行时还忙着给大家拍照。大家冒着寒风跑完步后，还到附近的蓝色港湾美美地吃了一顿热乎乎的午餐。一些同事没能到场参加，以云方式给我们传来照片，在上海办公室的标普全球评级大中华区销售总经理王鸣豪和他儿子跑步的照片我现在想起来还历历在目，所有这一切现在回想起来也觉得特别温暖。

春节来临了，我们也组织线上春节晚会。标普的同事们多才多艺，精彩表演让大家面对着电脑发出阵阵欢笑声。我没什么才艺，就拉上刚刚从美国回来的女儿一起给大家拍了一张喜气洋洋的贺年照片，还一起穿上应景的唐装给大家献上新春的祝福。

我们一直强调ESG，从公司层面积极履行社会责任。2021年初，标普作为第一家外资公司捐款给情系远山基金会支持乡村教育，让山区的孩子们有机会接受更好的教育。我们认为，在当下这个社会，每一个孩子都应当有机会接触到高质量的教育，而且通过现代的科技更好地了解到外面广袤的世界。

因为我在女性领导力方面的积极参与和起到的带头作用，我在2020年获得联合国妇女署颁发的赋权予妇女原则（WEPs）领导层承诺奖项，以表彰我在推动女性平等方面所作出的领导层承诺。赋权予妇女原则（WEPs）是联合国妇女署和联合国全球契约在2010年制定的一套原则，为企业提供有关如何在工作场所、市场和社区推动性别平等的指导。迄今为止，已有102家中国企业、3700多家跨国公司签署声明并承诺采取行动推进WEPs。作为亚太区首个WEPs奖项倡议，该奖项旨在表彰与联合国妇女署和联合国全球契约"赋权予妇女原则"相一致的推动性别平等的模范性商业实践。标普信评及其母公司标普全球评级均已签署WEPs声明，加入由来自全球不同地区和行业的企业组成的WEPs网络，这些企业在创建多元性工作场所方面相互学习和支持，共同致力于推动性别平等。

个人层面上，我也尽己所能在社会责任和推广女性独立方面发挥作用。我是客家人，老家是广东梅州的，中学在叶剑英元帅的母校广东梅州市东山中学就读，后来考入中国人民大学。作为我们家乡在北京中的大师姐，我经常组织和参加我们家乡校友在北京的校友活动。感谢师弟师妹们让我更加了解年轻人的想法，有助于我和我女儿的无缝交流，也给了我机会可以向迈入职场的学弟学妹们分享过来人的经验。

感谢标普全球评级亚太区业务总经理Denis O'sulivan，在2009年引导我进入评级行业，并且一直在工作上给予我强大的支持和友谊。感谢众多标普全球和标普信评的前同事：万志卿、郭晔、刘宜先、孔磊、符蓓、王张财、方棕晖、卢文正、廖强、吕岚、雷文静、萧潇、胡楠、宋汝君等。感谢侯志红、谢桂和、廖奇慧、胡霁、周燕、肖静伟、徐峥等老朋友的友谊和支持。我深深感谢张爱、赵雄、陆枫、王鸣豪、高文阳、黄丽雯、陈光、周廉慧、姜波、吴洛宁、兰希、林子懿、吴越、余晓明、李彤、杨健邦、孙一鹤等朋友们、合作伙伴们对我写作本书的帮助，他们在内容、观点和编辑方面提出了很多宝贵意见，让我在短短6个月完成此书的写作。

我要特别感谢我的人大亲同学和校友们：丁益、龚延青、胡维翙、闵路浩、肖清、王晓蕾、李铮、陶梅、尹丽媛、何丽萍、任晓雁、任炜等，我们牢记人大校训，实事求是，在任何时刻都坚持自己认为正确的事情。在与他们的交往中，我不仅获得了勇气，吸取了经验，更收获了珍贵的友谊。我衷心感谢人大师兄贝多广老师在百忙之中给我的书写序言，他高屋建瓴地强调了良好信用文化对于社会持续性发展的重要性，这和贝老师作为普惠金融行业领导者打造"好金融，好社会"的理念是一脉相承的。我也为贝老师8年如一日积极推动普惠金融和社会责任投资的情怀所感染，参与到了中国普惠金融研究院大家庭，和各位志同道合者一起努力推动和打造可持续发展的"好金融，好社会"。

这是我第一次写书，感谢我先生的师妹张虹女士，她从IT高管转行成为出版人，给了我很好的建议，并通过她的渠道帮我联系到了出版界的朋友。他们都非常热心，给我这部处女作提供了很多很好的建议。特别感谢我的编辑陈佳迪女士，在文字和内容方面给了我详尽和专业的指导。

最后也是最重要的，家人永远是我最牢固的后盾。我先生黄颖是IT人，他虽然在技术层面上不了解我的工作，但一直对我的工作给予最大的支持；我们不单是夫妻，也是一生的知己。我女儿Grace个性非常阳光，学业突出，喜欢美食，还初步树立了自己的职业发展目标，是我们引以为傲的孩子。我妈妈陈莉芳则是世界上最有爱的母亲，对家人和朋友都充满爱心。2022年母亲节，在朋友的帮助下，我和家人一起策划了一个最特别的母亲节礼物送给喜欢做饭的妈妈，让她得以在中央电视台财经频道的《回家吃饭》节目和全国观众分享她拿手的客家美食。这本书，也是我送给家人的礼物。